脳の落とし穴、愛着の忘れもの

発達障害の謎にせまる

小柳晴生 + 大石英史

木立の文庫

本書ができるまで

小柳 私にとって《発達障害》は、ここ二十年ほど最大の関心事でしたが、不勉強なので思索を深めることもままならず、歳とともに気力体力に自信がなくなり、まとめて世に問うことはないだろうとあきらめていました。

そんな折、大石さんから十年ぶりにメールをいただきました。これをきっかけに大石さんが準備委員長をされている日本人間性心理学会第三四回大会〔二〇二四年九月〕で〝発達障害の謎に迫る〟と題して話す機会を与えていただきました。

この経緯を出版社・木立の文庫の津田敏之さんに報告したところ、「大石さんと一緒に何か企画できたらいいね」とのご示唆をいただきました。この津田さんの言葉から、単独で執筆するのは難しいものの、対談ではどうかというアイデアが浮かびました。ただ、香川と山口で離れていて度々会うこともできないので、メールでやりとりできないかと考えました。

大石さんとは以前に学会で言葉を交わした程度なので、できるかどうか心もとないものでしたが、試しに、大石さんに語りかけるというスタイルで書いてみると筆が進みました。少し書きたまったところで大石さんに提案したところ、快く引き受けていただきました。

「発達障害について感じていることを忌憚なく語り合う」との合意のもとに、作業が始まりました。原稿がある程度まとまったら大石さんに送り、大石さんがこれに書き加えて返送し、さらに私がコメントするという形で進めました。

二人の考えは似通っている、と思って始めたのですが、実際には、ニュアンスや力点の置き方が違っていたり、テーマや焦点がズレていたりと、直接会わないコミュニケーションの難しさもありました。

二人の考えをすり合わる編集も必要でした。これは〝発達障害とは何か〟という図が浮かび上がることを目指して、形も色もバラバラなピースを組み合わせるジグソーパズルのようなもので、思っていた以上に困難な作業でした。どちらが教師で学生という区別がない二人だけの濃厚なゼミという感じでした。

議論は、子育てや大人の生き方はもちろん地球温暖化や働き方、経済や歴史にまで及びました。これは、話を広げ過ぎたのではなく「発達障害と呼ばれる現象」が、人類史の大きなうねりのなかで理解する視点がなければ、捉えることができないからです。

対論という性質上、道草も多いのですが、本書の面白さと考えてなるべく残しました。分量的には私が七割、大石さんが三割と、偏りがありますが、本書ができる経緯からで了解いただければ幸いです。

この本が発達障害と呼ばれる現象について幅広く議論される刺激となり、子どもたちが、そして大人が、生きやすい社会になることに貢献できれば望外の喜びです。

小柳 晴生

大石　小柳さんとの出会いは、三十年以上前になります。

ある学会で摂食障害の事例を発表した時のことでした。かなり厳しい意見が出され意気消沈していたのですが、小柳さんはケースの難しさをわかってくださり、適切なコメントをくださいました。そのときの小柳さんの人間味のあるお人柄は、今もよく覚えています。それから十年以上が過ぎて、学会発表をきっかけに数回メールでのやりとりがありました。そして今回、二〇二三年にメールで再会しました。

小柳さんは一貫して「発達障害は先天的な脳の機能障害ではなく、愛着形成不全だ」との仮説を主張しておられます。それは仮説というよりも、臨床感覚から得た確信に近いものかもしれません。

私は発達障害と呼ばれる特性や症状を〈愛着〉だけで説明できるとは考えていませんが、発達障害と診断されている子どもたちの背景には、何らかの愛着の問題が潜んでいるとは感じています。そう捉えることで、支援が「関係性」を重視するものへと大きく変わると考えています。

本書の対論は、発達障害を〈愛着〉の視点から捉え直すことをテーマとしましたが、これまで私たちが追いかけてきた〝幸せ〟がどのようなものであったか、という大きなテーマと向き合うことにもなりました。

便利さと快適さを追求する社会のなかで、子育てがどう変わったのか？　それは子どもたちの発達にどのような影響をもたらしたのか？ どんなに便利な社会になっても、人が育つために変わらず大切なことは何か？　そのことは地球環境の問題ともつながっているのではないか？　などなど……。

小柳さんとのメールでのやりとりは私にとって、発達障害が生き方や価値観にも関わる大きな問題とつながっていることを再発見・再確認していく体験でもありました。本書は、これらを対論というかたちで探求したものです。

大石英史

後篇 時代と社会とこころ

前篇

発達障害はどう「謎」なのか

対論1

増えつづける発達障害

——統計への疑問

統計的な数字から生じる違和感

小柳 いきなり本題に入りますが、私が発達障害について統計に感じている強い違和感から始めたいと思います。

次頁に、文科省が発表している小中学校の特別支援学級在籍者数の経年変化グラフを示します【図1】。二〇一二年の一六・四万人から二〇二二年の三五・三万人へと、十年間に二倍以上に増えています。二〇〇二年は七・二万人ですから、二十年間で五倍に増えたことになります。特別支援学級にはいろいろな障害の子どもが入っていますが、その増加のほとんどが、発達障害と呼ばれる子どもが占めています。

それだけでなく、年々、増加のペースが大きくなっていることに驚かされます。二〇一二年から二〇一三年にかけては一万人増えていますが、直近の二〇二一年から二〇二二年では二・七万人の増加となっています。

このペースで推移すると、十年後には特別支援学級の在籍数が七〇万人を超えて、小中学

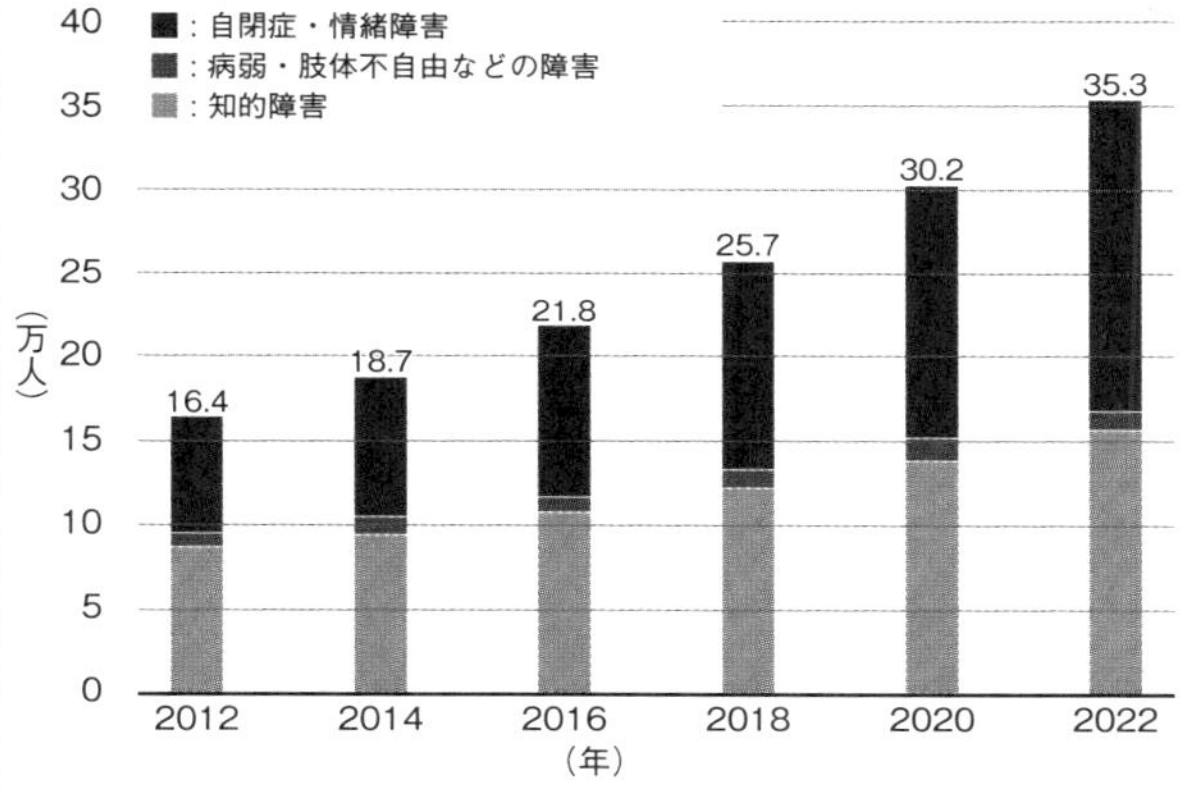

図１　特別支援学級在籍者数の推移　（各年度５月１日現在）
〔文部科学省「特別支援教育の充実について」2023年度――学校基本調査による〕

生の一割近くになる事態もありうるのです。これほど短期間に増加する「先天的」な障害があるだろうか？　というのが素朴な疑問です。

医学的な障害であるなら、この統計は厚生労働省のものでもよさそうなものなのに、なぜか文部科学省が発表していることも、かねがね疑問に思っています。ここにも、なにか大きなねじれが隠れているような気がしています。

《発達障害》という言葉が世間に知られるようになったのは、二〇〇二年、文部科学省の有識者会議による調査においてでした。

通常学級に通う小中学生のうちの六・三％〔六八万人〕が《発達障害》の可能性がある、と発表されたのです。同様の調査は二〇一二年にも行なわれ、六・五％〔六〇万人〕との発表でした。それが二〇二二年では八・八％と急激に増加しています。この調査結果について、文科省は「実際に増えているのではなく理解が深まったため」と説明しています。十年間で二・二％増えていることが「先天」説では説明がつきにくいので、苦肉の策のように思えます。

通常学級の発達障害の疑いの児童生徒数と特別支援学級の在籍者数を合わせると、二〇二二年では小中学生の一二％が《発達障害》である（または、その可能性がある）ことになります。また、一部の授業を特別支援学級で受ける「通級学級」を利用する児童生徒数も顕著に増えています。子どもの一割以上が発症する先天的な障害が生物学的にありうるとは考えられません。種として存続できるとは思えないからです。

先天的障害ならば、かつても同じだけ存在したはずですがL・カナーが「小児自閉症」を報告した八十年前まで、誰も気づいていなかったし理解するための概念もなかった、というのは不思議なことです。何らかの記述が残されていそうなものですが、影も形もありません。理解する概念がなかったから把握できなかった、との説明は納得しかねます。

もし先天的な障害であって過去は極めて少なかったが近年爆発的に増えたとすれば、人類の存亡に関わるゆゆしき事態で、何を差し置いても調査研究しなければならない緊喫の課題になります。

次に、二〇二二年の調査結果を学年別に見たものを示しましょう【表1】。

発達障害と考えられる子どもの割合は、小学一年では一二・〇％だったものが、学年の進行につれて漸減し、中学三年では四・二％というように、九年間で三分の一に減少していきます。

年齢が上がれば学業も人間関係も難しさが増すことを考えると、増加しても不思議ではないのに、激減しているのです。先天的な障害は基本的には改善しないと考えられますので、この減少も、先天的機能障害では説明がつきにくいのです。

〈脳機能障害〉説では、脳のさまざまな領域に委縮が見られるというような説明がなされますが、私たち素人はそれを検証したり反論したりする手立てを持っていません。今回のようにデータで間接的に疑義をさしはさむしかないのですが、「短期間に急増している」という統計について大石さんはいかがお考えでしょうか。

答 子どもたちの一割程度を「障害」という名前で呼ぶこと自体に違和感があります。

あるいは、生物学的なレベルで先天的に一割程度に障害があるということになれば、それこそ大問題ではないでしょうか。たとえば、「障害」という言葉ではなく、パーソナリティ「傾向」という言葉でとらえるのであれば、違和感は薄まりますが。

教育現場ではこの問題を、脳の特

表1　通常学級に在籍する「学習面や行動面で著しい困難を示す」児童生徒

〔文部科学省「通常の学級に在籍する発達障害の可能性のある特別な教育的支援を必要とする児童生徒に関する調査結果」2022年〕

（数字は%）

	全　体	A	B	C
男　子	12.1	8.3	6.6	2.7
女　子	5.4	4.5	1.4	0.7
小学1年	12.0	9.1	5.6	2.0
小学6年	8.9	6.4	3.8	1.9
中学1年	6.2	4.1	3.0	1.3
中学3年	4.2	2.9	2.6	0.6

A：学習面で著しい困難を示す（「学習障害」に該当すると考えられる）

B：「不注意」または「多動性・衝動性」の問題を著しく示す
（「注意欠如・多動性障害」に該当すると考えられる）

C：「対人間やこだわり等」の問題を著しく示す
（「自閉スペクトラム症」に該当するト考えられる）

――複数回答可なので「A+B+C=全体」とはならない

性に起因する「障害」として位置づけ、対象となる子どもたちには特別な支援が必要であり、それを「合理的配慮」という名のもとで行おうとしているのです。やはり、この一連の根拠づけと支援の流れに違和感を覚えます。

生物学的な要因を根拠とするものかどうかを議論する前に、まずは一九九〇年代後半から加速してきた社会現象として捉える必要があるのではないでしょうか。つまり、発達障害という言葉によって人を分ける（分けたうえで支援する）という社会現象だということです。《発達障害》という言葉が社会に浸透したことに伴い、その言葉でラベリングされる子どもたちが増加し、「合理的配慮」という名のもとで、健常発達の子どもたちとは別の特別支援学級や特別支援学校で行うという支援システムが構築されたということです。

その一方で、通常学級において《発達障害》が疑われる子どもたちは一割に達しようとする現状にありながら、《発達障害》は医療の聖域になってしまい、教員がうかつに口が出せない状況があります。いずれにしても、日本で行われている発達支援の基本形態は、子どもたちを診断やアセスメントによって区別して教育することを意味しますから、インクルーシブ教育に逆行すると考えられます。

配慮を必要とする子どもは増えているのか？

小柳「子どもたちの一割以上というのであれば、それは〝障害〟ではなくパーソナリティ〝傾向〟くらいの意味しか持たないのではないか？」とのことですが、異論を差し挟んでいいですか。パーソナリティの傾向というと、もともと持っていた素質が育った結果とも取れます。

私は《発達障害》様の行動は、生育過程の早期で安全や安心を感じられないため自分を守るために止むを得ず生み出されたもの、と考えます。そして結果的には新たな不適応を生み出す、と考えています。安心・安全を感じられる環境であれば身に付ける必要がなかった鎧兜《よろいかぶと》のようなもので、その子の本来の姿とは考えていないのです。

また、教員は教育者としての誇りを持っていますので、手がかかりそうな面倒な子どもたちを《発達障害》として扱ったり特別支援学級に入れたりしようとは考えません。力の及ぶ範囲で出来るだけのことをしようとします。特別支援学級在籍者や通常学級での「発達障害と呼ばれる子ども」は、先生方の奮闘努力にもかかわらず増えているのです。

保護者にしても、「特別支援学級は少人数なので、手厚く世話してくれるだろう」などといって積極的に入れたいとは考えません。《発達障害》と診断されたら入らなければならない、と決まっているわけではなく、通常学級での学習や行動面で何らかの不都合があるから選択されたのだと思います。

特別支援学級の在籍者数が急増していますが、配慮の必要な子どもが増加しているのか、それとも発達障害が広く知られるようになって「少し変わった子までレッテルが貼られた」ために起きた現象なのか、議論の分かれるところです。

大石　私は基本的には〝社会現象〟として捉える立場を取っていますので、早期発見・早期治療の名のもとに、病院の「発達外来」が何ヵ月も予約待ちの状況を生み出し、過剰診断（および、それに基づいた薬物療法を含んだ治療）がなされている現状に、疑問を持っています。

その一方で臨床場面では、発達障害の特性といわれている〝傾向〟を持つ子どもたち、たとえば感覚過敏や、感情のコントロールに困難を抱える子ども、傷つきやすく人との関わりを苦手とする子どもたちが、増えていることも感じています。

《発達障害》特性のひとつとされている〈こだわり〉という現象は、その時々の環境や状況の変化に自分を適応させる力、柔軟性の乏しさを意味しており、ある種の〈心理的硬さ〉に起因する不適応は、子どもに限らず若者まで確実に増えている印象を持っています。

スクールカウンセラーの立場で学校を見ると、教員の目から見た子どもの気になる行動→発達障害を疑う→スクールカウンセラーまたは特別支援コーディネーターが保護者に医療機関受診を勧める→医療機関で診断を受ける→治療や療育の開始→特別支援学級への措置替えまたは学校での合理的配慮、というレールに乗って進められていると感じています。

問題は、そのレールに乗せられていることを「子ども自身がどう感じているか？」という視点です。思春期以前の子どもたちに対して支援内容について丁寧に説明し子どもの意思が確認されることは、少ないと推察されます。幼少期に診断を受けた子どものなかには、小学校の低学年から精神薬が処方され、文字どおり障害児のようになっていく姿を見たことがあります。

これについて、ある自然体験のイベントで出会った一人の子が思い出されます。小学校高学年の男子でしたが、他の子どもたちと池にメダカを獲りに行ったときのことです。

メダカを獲ろうにも網を持っていなかったので、その子がかぶっていた帽子を網に見立てて掬うことにしました。何度も繰り返すうちようやく獲れるようになりましたが、獲れたメダカを容れるものがないことに気づきました。

別の子が、その子が持っていたペットボトルに入れたらどうか？というアイデアを思いつきました。最初は途惑ったようでしたが、自分からペットボトルを差し出しました。こうしてしばらく、みんなで夢中になって遊びました。

そのときのその子は、年齢相応の普通の男の子に戻っていました。その表情は、それまでの大人しくて周囲を警戒する顔つきとは全く違うものであり、そのときのやんちゃな表情は、今も印象に残っています。

〝障害〟のある子どもたちが「配慮」の名のもとに、健常発達の仲間たちと隔てられたり、経験の領域が狭められたりすることがあってはなりません。失敗も含めて「自分からやってみる」という経験から学んでいくことは、どんな子の発達にとっても重要なものです。

小柳 大石さんが言われるように、学校は行政機関なので、気になる行動が《発達障害》と疑われれば「発達障害者支援法」に沿って対処せざるを得ない面があるのですが、教員や保護者がこの路線を洗脳されたかのように疑わないことが、不思議でならないのです。

大石さんが例に挙げた子どものように、興味関心を持ったことに安心して没頭できる環境が用意されるとガラッと変わる、という体験は現場でたくさん経験していると思うのです。こうした変化は「脳の先天的機能障害」では説明しにくいものです。

通常学級で《発達障害》が疑われる子どもが学年進行につれて漸減していることも、先天的機能障害では説明がつきにくいのです。それにも関わらず学校や社会が「脳障害」説に固執することには、法律で規定されている以上の大きな社会的要因があると感じています。

発達障害という概念が及ぼした影響

大石 《発達障害》と呼ばれる子どもが増えた理由としてまず浮かぶのは、発達障害の概念が社会的に認識され浸透したことです。発達障害に関する知識が一般人にまで浸透し、ＡＤＨＤやＡＳＤといった精神医学の専門用語を親や教師が使い始めたことによる変化が大きいと考えています。

それまでは、気になる子どもたちは「落ち着きがない」「ごそ（ごそごそする子）」「ちょっと変わった子」などと呼ばれ、大人の眼差はその子自身に注がれていたように思います。その眼差が《発達障害》という概念に向けられるようになったのです。これが「問題行動の精神医学化」〔滝沢一廣〕なのでしょうね。子どもの気になる行動を《発達障害》というレンズを通して見るようになったのです。

小柳　大石さんは、《発達障害》という概念が広く使われるようになったために発達障害と呼ばれる子どもが増えている、と考えておられるようです。そうした影響はかなりあるでしょうが、主要な要因ではないと私は考えています。大石さんの考え方だと、大人の見方が変わると発達障害が減ることになります。

私は、どういう名称で呼ばれるにせよ、配慮の必要な子どもは顕著に増えている、と考えています。大石さんも、感覚過敏の子どもや、感情のコントロールに困難を抱える子ども、傷つきやすく人との関わりを苦手とする子どもたちが増えており、ある種の〈心理的硬さ〉に起因する不適応は子どもに限らず若者まで確実に増えている、という印象を持っておられますが、「それが何によるものなのか?」ということが焦点になりそうですね。

◆大石 社会現象として《発達障害》と呼ばれる子どもたちが増えている側面と、実際の子ども自身に何らかの異変が起こっている側面がある、と私は考えているのですが、後者については、遺伝的なものを含めて多くの要因が絡み合っている印象があり、まだ整理できていません。

先ほど引用された二〇二二年の文科省の調査データの「通常学級で発達障害が疑われる子どもが、男子の場合、小学校一年から中学三年の九年間で三分の一に減少していること」に関して、発達障害を疑われていたある小学生のエピソードを紹介します。

その子は小学校入学当初から、さまざまな問題行動が見られました。小学四年頃から強くなり、授業中、独り言や落ち着きのない言動が絶えず、注意しても改善が見られませんでした。集団行動に入れず、ひとりで外に出てしまうこともあり、補助教員が付くことになりました。診断は受けていませんでしたが、教員間では発達障害の認識が共有されていました。

この様子を母親に伝えても「家ではそんなことはない」の一点張りで、本人に注意することもなかったようです。専門家による支援の必要性を伝え、医療機関への受診を勧めたのですが応じませんでした。六年生になっても状態が変わらないため、入学予定の中学校には、補助教員の必要性について申し送りをしました。

ところが中学校入学後、問題行動はにわかに影を潜め、それを聞いた小学校教員は、首をかしげるしかありませんでした。中学校という新しい環境は、生徒指導を中心とする規律重視の教育体制であり、本人にとっては厳しい環境だったことは想像できますが、特別な配慮を受けることなく適応できたことで、自信に繋がったのではないでしょうか。

思春期の到来と、大きな環境変化が重なったことがきっかけで、問題が改善したケースです。《発達障害》は表面上の行動だけでなく、学校と家庭の関係、保護者との考え方とのズレなども視野に入れて検討する必要性がある、ということを考えさせられるケースでした。

小柳　中学に入って問題行動が改善した事例を紹介していただいたのですが、決してまれということではないですね。子どもは変化の可能性を秘めた存在として見ていく大切さを、あらためて教えてくれている気がします。ただ、改善した後でも先天的障害だからといって薬の服用が続いている事例もあるようです。

発達障害の概念が受け入れられた理由

大石さんは《発達障害》と呼ばれる子どもの増加の要因として、発達障害という医学的情報が世間に急速に普及したことを挙げておられます。そうした面は否定しませんが、私たちは五十年ほど前に初めて〈自閉症〉を目の当たりにしたとき、どう理解すればよいのか皆目見当もつきませんでした。これまで持っていた知見では理解できない現象のように思えたのです。こうしたとき、専門家から〈自閉症〉や《発達障害》という概念が提唱され、役に立つと感じたのだと思います。

「愛着障害」という見方は従来からあったのですが、これほど短期間に広範囲に深刻な状況が生じることは、想定外だったのではないかと考えています。〈愛着〉からこれほど重篤な問題が起こるはずがないと除外され、新しい見方である《発達障害》に飛びついた側面もあると考えています。

この概念は症状を理解するのには役だったのかもしれませんが、ひとつ問題がありました。原因を「脳の先天的機能障害」としたことです。〈自閉症〉や《発達障害》と診断されると同時に、脳の障害になるのです。現段階でも「脳の障害」はひとつの仮説でしかありませんが、それが独り歩きし始めたのです。

もし《発達障害》と呼ばれているものが「愛着障害」だとすれば、現在、流布されている脳に原因を求める発達障害説は、支援に役に立つどころか、不適切な対応を助長することになりかねません。発達障害への疑義も重要ですが、背景になっている配慮のいる子どもたちの増加についての解明と対応が急がれます。

多くの社会的変化が関与している

大石 《発達障害》と呼ばれる子の増加には、情報の激増のほかにも、核家族化、地域の関わりの衰退、働く母親の増加や多忙化と連動するかたちで、地域の生活のなかで子どもを取り巻く大人の数が減少していることも、関与していると考えています。

『子どもの社会力』〔岩波新書、一九九九年〕という本を書かれた社会学者の門脇厚司氏は、子どもは母親以外のたくさんの大人たちに見守られるなかで、人と人とが協力して現状を変えていく「社会力」を培っていくと指摘しています。「社会力」は、さまざまな人との関わりの経験量をこなすことで身につくもので、ギャングエイジなど、大人が見ていないところでの子どもたちだけの経験のなかで培われていきます。これらの対人経験の絶対量の不足が、コミュニケーションの難しさを中核とする《発達障害》様の症状をもたらすことが考えられます。

子どもたちの生活自体も、相手が生の人間ではなくスマートフォンやタブレットなどの「画面を介した関わり」を中心にしたものになってきています。画面を介した関わりでは、匂いや皮膚感覚で伝わる雰囲気が伝わりません。時には微妙なタイムラグが起こります。五官を通して培われる感覚は、人と人との交流を実感しコミュニケーション能力を育てていくうえで、欠かせないものだと感じています。

小柳　私は《発達障害》と呼ばれるものは、乳幼児期のごく早い段階で起きると考えています。さまざまな人との関わりの経験量の減少による「社会力」の不足は、心の発達にとっては重要ですが、それは不登校の増加の背景ではあっても、発達障害の要因とすることには納得しがたくはあります。

本書ではこのあと、乳幼児の体験（情緒的な交流）を特に〝愛着〟の視点から描くに際して、先達の論考に依拠して「母親」「母子」との表記が頻出しますが、適宜「親」（あるいは主たる養育者）、「親子」（大人と子ども）と読み替えて頂けましたら幸いです。

対論2

疑問から出発して

――迷うことを大切にする

違和感に立ち戻って

（小柳）今回の対論は、発達障害の統計について私が抱いている〝違和感〟から始まりました。違和感は、二人を結びつける重要なキーワードになっています。話が戻りますが、今回の対論に至る経緯に触れたいと思います。

二〇一三年の日本人間性心理学会後のニュースレターに大石さんが書かれた文章に「発達障害臨床についての違和感を言葉にしてみること」という文言が目につきました。感覚的な〝違和感〟を手掛かりに研究を進めようとする姿勢に好感を持ち、私から連絡をとって数回メールでやりとりをしたことが、この対論の伏線になっています。

私はかなり早くから、自閉症や発達障害を脳の障害で説明することに疑問を抱いていました。もっとはっきり言えば、間違っていると感じていました。理由を聞かれれば、「日頃の臨床から直観的に感じた」としか言いようがありません。直観などというと「非科学的」だと批判されそうで、今まで言わなかったのですけれども……。

私は、心理臨床はあいまいな感性や直観を頼りに手探りで掘り進め、そこから得られた知見を抽象化して理論が出来ると考えています。だから臨床でも、感性を大切にするよう心がけています。こうした背景があって、大石さんの〝違和感〟という表現がアンテナにひっかかったのです。

感性を手掛かりに探求を深める

その後、連絡を取り合うことがなかったのですが、二〇二三年に久しぶりに、次のような内容のメールを戴きました。

当時、感じていた発達障害への違和感はより確かなものになっていますが、時代と社会は『脳の特性』という捉え方を定着させているようです。問題行動の原因を脳の特性に求めることで、こころの視点や関係性、あるいは愛着の視点から理解する臨床力や人間力が弱くなり、その状況が発達障害と呼ばれる子どもをさらに増やしている気がしています。意見交換を再開していただけると幸いです。

これまで接点もなく臨床を重ねた二人が、発達障害に感じている違和感を鍵にしてメール対論というかたちでその「正体」に少しでも迫ることができれば、と話がまとまりました。臨床像としての発達障害ばかりでなく、「発達障害現象」とでも呼べるような社会問題になっていることについても、解明できればよいのですが……。

「発達障害とは何か？」を解明することはもちろんですが、〝違和感〟など感覚や感性を手掛かりに探求する臨床のあり方が有用かどうかも、テーマになってくるかも知れません。

それでは大石さん、この対論の伏線となったテーマについて、お聞かせいただけますか。

子ども理解の視点が抜け落ちている？

大石　二〇一三年に「臨床場面において発達障害概念を用いることを巡る人間学的考察」と題して問題提起をしました。二〇〇〇年前後から加速してきた、子どもの気になる行動を脳の機能障害や先天的な脳の特性として捉える時代・社会的状況をとりあげたのです。

そうした時代・社会的状況に対して、個人の行動や症状を先入観にとらわれることなくありのままに捉え、その子どもとの関わりを通して見出されてくる人間理解に基づいた援助を重視する立場を「人間学的考察」として、人間理解を中核にすえた援助学の必要性について言及しました。

クライエントとの関わりにおいて一時的に自分の判断を保留して話を聞くことや、関わりながらその判断を修正していくことは、こころの専門家にとって重要な態度であると考えられます。〝人間学的アプローチ〟とは、子どもと関わる際に「この子はどんな子か？」「何があってそのような行動をするのだろうか？」とみずからに問うて、その行動の背後にある動機や理由を理解しようとするアプローチです。

この立場では、子どもの「気になる行動」をあらかじめ用意された精神医学の診断カテゴリー当てはめてラベリングし、「〜だからそのような行動をとる」と説明する医療モデルとは逆のプロセスをたどります。わかり得ない他者を前にして迷い葛藤しながら関わっていく態度、そんな手間暇のなかに「人が人を理解する」という重要な営みが潜んでいると考えています。
近年の発達障害の支援では、援助者自身の安定を得るための安易なラベリングないしは理論や概念への当てはめになっており、〈配慮〉の名のもとに一方的な支援のレールに乗せられることになります。そのような関わりを「自分のことをわかってもらえない、こころが置き去りにされている」と感じている子がいるかもしれません。

小柳 「初めて出会う人を前にして迷いながら関わってゆく、その手間暇にこそ意味がある」という言葉は、いつも迷っている私にとってはホッとさせられる言葉です。カウンセラーは、あらかじめ明確な判断基準や対応策を持っているわけではありません。話を聞きながら模索するのですが、その迷いにこそ意味があるとすれば、うろたえている自分が肯定できそうです。
カウンセリングは、これができるようになったら一人前ということがはっきりしないのですが、「自信をもってうろたえられる」という基準もありそうです。これを通して、〝迷うこと〟を大切にする価値観をクライエントに伝えているようにも思います。

対論 3

迷いながらの出会い

――発達障害という見方

うかつに介入できない
という空気

大石 小柳さんは自閉症や発達障害とどんな出会い方をしたのか、教えていただけますか。

小柳 大学に入ったのは一九七〇年で、翌年、専門の心理学教室に入りました。そこに「自閉症研究会」という学生のボランティアサークルがありました。自閉症との出会いは、このサークルの通う子どもたちが初めてで、今から五十年以上も前のこととなりますね。

L・カナーが「小児自閉症」を発表したのが一九四三年ですから、それから三十年ほど経っていました。日本でもぽつぽつ自閉症が見られるようになっていました。当時は発見されるのが遅くて、私たちが関わっていた子どもは七、八歳ぐらいでした。日本での出現率は〇・三％と言われていた頃です。

子どもたちは、ほとんど言葉が出ず、人との関わりを避けてひたすら走り回り、水道を流しっぱなしにしてその感触を楽しんでいる、という姿でした。学生たちは「子どもがやりたいことを止めない」という基本方針で、汗をかきながら走って子どもについていく姿が、印象に残っています。

　自閉症は「聖なる病い」であり、「うかつに介入してはいけない」という空気がありました。親子関係に焦点を当てるという視点はありませんでした。当時、私は自閉症について全くわかっていませんでしたが、このサークルの関わり方に漠然と違和感を覚えて、参加せず遠巻きに見ていただけでした。

　言葉を発しないと言いましたが、ある子は『タケダ・タケダ・タケダ』と、別の子は『ヤン坊マー坊天気予報』と、独り言をずっと言い続けることが不思議でした。当時はわかりませんでしたが、後になって「テレビという機械にさらわれた子」ではないか？　というかたちで理解するようになりました。これらの言葉は、夕方にテレビで流れるニュースや天気予報のコマーシャルだったのです。

情緒のやりとりに注目すると

小柳　一九七六年に大学院に進学し、心理教育相談室でふたりの自閉症と思われる三歳児の母親と、六年ほど面接をしました。子どもは別のセラピストがプレイセラピーをしました。

母親面接は、J・ボルビィの愛着理論や、M・クライン、M・S・マーラー、D・W・ウィニコットなどの対象関係論を基盤にしていました。私は勉強家ではないので、つまみ食い程度の知識しかありませんでした。面接では「母子関係を濃密にすることで症状が改善する」と仮定されていました。

プレイセラピーは、B・アクスラインやC・ムスターカスなどの理論が背景になっていました。当時から自閉症を「脳の先天的機能障害」とする説が強くなっていましたが、大学院は精神分析が主流でしたのでR・ウィングやM・ラターの言説には、触れる程度でほとんど影響は受けませんでした。

子どもの変化ははかばかしいものではなく、援助の難しさを痛感させられましたが、「母子間の情緒のやりとりがうまくできていないことが、子どもの発達に大きく影響している」と考えるきっかけになりました。

「母親にすがりつくなど、自発的な身体接触がない」「泣かない」「笑顔がない」などの知見を得ることができました。その後、自閉症や発達障害は母子間の情緒のズレによる〈愛着形成不全〉と考えるようになりましたが、その端緒になった経験です。

脳の機能障害という仮説

一九八〇年代半ばに入った頃から、「自閉症と類似しているけれども、言葉が出る。知的な遅れがない」という事例が目立つようになり、〈軽度発達障害〉〈広範性発達障害〉〈高機能自閉症〉〈アスペルガー症候群〉など、さまざまな名称で呼ばれるようになりました。

これに〈脳微細症候群〉や〈学習障害〉、さらに〈注意欠陥多動障害ADHD〉が加わり、診断名の戦国時代といった様相を呈するようになりました。保護者も、診断名に一喜一憂したり、診る人によって診断名が異なったりと、かなり混乱した時期が続きました。

この頃から自閉症や発達障害が「先天的な脳の機能障害である」という説がいっそう声高に主張されるようになり、発達障害と診断されると同時に、「育て方やしつけの仕方は一切関係ない」と言われるようになってきました。そうしたなかで私は、心理臨床ではほとんど使われない「しつけ」という言葉が決まり文句のようによく出てくるのが、とても気になっていたものです（その違和感は現在でも変わりません）。


当時、私の関心は不登校にあったので、発達障害は気になりましたが、本当に増えているのか半信半疑というところでした。しかし一九九五年くらいから保育園などで「言葉の遅れ」や「先生や友だちとうまくコミュニケーションをとれない」「一人で走り回ったり、保育室から勝手に出て行く」などの相談が増え始めて、発達障害が増えているらしいと関心をもつようになりました。

二〇〇〇年に入ると、急激に《発達障害》が増えていきます。文部科学省が二〇〇三年に発表した「通常学級に在籍する小中学生のうち発達障害が疑われる子どもが、六・三％、六六万人」という調査の数字は衝撃的でした。当時はこの数字をどう理解したらよいか混乱した面もありましたが、次第に、どうやら事実らしいと受け入れられていきます。《発達障害》という言葉は、この調査をきっかけに広く知られるようになった、と考えてよいでしょう。

アメリカの診断基準の影響で〈自閉症スペクトラム〉〈注意欠陥多動障害〉〈学習障害〉をまとめて、それらの上位概念として《発達障害》を使うようになったのも、この頃です。

二〇〇五年に「発達障害者支援法」が制定され、原因は「脳の機能障害」とされました。すると、療育手帳の交付や特別支援学級の入級基準といったすべての施策が、ひとつの仮説にすぎない「脳の機能障害」があたかも事実であるかのように動き出したのです。この仮説の展開はとても速くて、発達障害の急速な増加と相まって、唐突な感じです。

その頃から私はふたつの自治体で「発達に気がかりにある子を持つ親のグループ相談」を始めています。保育園や子育て支援センターなどでの相談や事例検討も増えました。本格的に《発達障害》に関心が移ったのはこの頃からです。

母子療育への同席やビデオでのスーパービジョンなどの経験から、あらためて、母子関係の情緒のズレが大きく影響していることを、強く感じるようになりました。

学生相談のなかで

私は二〇〇五年まで二十六年間、学生相談をしていましたが、もっと早くに《発達障害》という概念を知っていたら理解が深まっていたのでは……と思われる学生の顔は、何人か浮かんではきますが、その数は多くはありません。

二〇〇〇年に入った頃から、《発達障害》で理解できるのでは、という学生に会うようになりました。教養課程の講義で黒板を消そうしたら、一人の学生が駆け寄って来て『まだ写し終わっていないから消さないでください』と気色ばんで抗議されたことがあり、これが発達障害かと思ったものです。この頃から学生相談関係の研究会などで《発達障害》の事例がぽつぽつとりあげられるようになり、いまでは主要なテーマのひとつとなっています。

二〇一〇年には全国に先駆けて東京大学に発達障害を支援する「コミュニケーション・サポートルーム」ができました。小中学校で問題になっていた発達障害の波が、いよいよ大学にも押し寄せてきたかと思ったものです。二〇〇五年に学生相談から退きましたので、大学生の発達障害の経験はありありません。

この頃には「大人の発達障害」も大きくとりあげられるようになってきました。こうした動きを見ると、日本での発達障害は、一九八〇年頃に始まり、二〇〇〇年以降、急速に顕著になってきた現象と言えそうです。

そんな時代・社会状況のなかでの、大石さんのかかわりを聞かせていただけますか。

臨床心理士として学校に入って

大石　大学に入学したのは一九八〇年代の半ばです。大学には自閉症の子どもたちと関わるボランティアサークルがあったのですが、私は当時、発達障害よりも神経症やパーソナリティ障害に関心がありました。発達障害との出会いは、一九九四年に大学の教育学部の教員になり学校臨床に携わるようになってからになります。

二〇〇〇年前後になると、学校教員からＬＤやＡＤＨＤあるいはアスペルガー症候群（略してアスペ）という言葉をよく聞くようになりました。当時このような専門用語を使う教員は少数派で、教育相談や特別支援に熱心な方に限られていました。

ところが数年後には、学校での校内研修で「発達障害について話してほしい」というニーズが一気に加速しました。それまで求められていたのは「カウンセリングマインド」や「不登校支援」だったのですが、二〇〇五年の発達障害者支援法の施行という国の方針を受けるかたちで、すべての教員が発達障害について学ばなければならなくなったのです。遅れ馳せながら私も、発達障害について勉強するようになりました。

二〇一〇年頃だったと思いますが、いまでもよく覚えている印象的なエピソードが、ふたつあります。

ひとつは、教育相談担当教員を対象とする不登校研修会で、ある中学校教員から『不登校の子どもたちの九割以上は発達障害だと思うのですが、先生はどう思われますか？』という質問を受けたときのことです。

自分が関わっている不登校の子どもたちを思い浮かべながら、私は『障害として見るかどうかは、支援者の考え方によって大きく変わります。あくまでも私の臨床感覚ですが、不登校や引きこもりの子どもたちのなかで発達障害と呼べるケースは少数だと考えています』と返答しました。それ以来、講師に呼ばれなくなりました。

もうひとつは、スクールカウンセラーとして初めてある小学校に出向いたとき、教頭先生から『教室には気になる子がたくさんいます。いまから教室を回って、発達障害の子どもにチェックを入れてください』と頼まれたことがあります。さすがに『いちど見ただけではわかりませんし、臨床心理士の立場では診断することはできません』とお答えしました。

実際、教室を回ってみても、私の目では発達障害と感じられる子どもはいませんでした。それよりも、担任のひどい言葉づかいや、「構ってほしい」思いから問題を起こしている、愛着の課題を抱えていると思われる子どもが目立っていた記憶があります。

いずれのエピソードからも、学校に《発達障害》概念が入ってきて、教員が「気になる子どもたち」を「障害」の視点から見るようになってきたことが読み取れます。当時、子どものことを「先天的な脳の障害」というレンズで捉えることに強い違和感を覚えるとともに、学校に精神医学の言葉が入ってきたことで、これからの教育が大きく変わるのではないかと危機感を持ちました。臨床心理士がこの動きを先導する立場に立たされることにも、戸惑いました。

これが私にとっての発達障害との出会いです。

小柳 二〇〇〇年ぐらいから急速に《発達障害》概念が広まったことや、二〇一〇年頃から発達障害と呼ばれる子どもたちが急増した印象、「先天的な脳の機能障害」という見方が保育や教育の世界に唐突に入ってきたと感じていることは、共通していますね。

かつて小中学校での事例検討といえば不登校だったのですが、いまではほとんど発達障害になっています。不登校とも重なることも多くなっています。教員の世界では「発達障害は脳の先天的な障害」説が浸透していますので、親子関係が介在しているという見解が受け入れられにくくて困るようになりました。

対論4

発達障害を疑問視する

――愛着という視点

発達障害という概念を怪しむ言説

小柳　ここからは、発達障害についてさまざまなかたちで疑義を呈している言説を取り上げたいと思います。

米田倫康氏は精神医療における人権侵害や薬害を追及してきた人ですが、著書『発達障害のウソ——専門家、製薬会社、マスコミの罪を問う』〔扶桑社新書、二〇二〇年〕で、発達障害という精神疾患があたかも事実として実在しているように語られるが、科学的な根拠に裏づけられたものではなく、それは仮説のひとつに過ぎないと主張しています。

原因とされる「脳の先天的機能障害」説や簡単なチェックリストによる診断、それに基づく投薬についても、科学的な根拠がないと強い異議を唱え、この動きを先導してきた医学の専門家を批判しています。薬物については、製薬会社の介在や副作用の危険性にも言及しています。

また、発達障害者支援法の成立過程や現状の医療体制のなかでの早期発見・早期治療を推奨することへの疑問、文部科学省の統計のとり方や、発達障害のついてのマスコミのとりあげ方の偏りについても批判しています。発達障害をめぐる問題に幅広く論考しており、本書の先達として位置づけられるものです。

ただ、米田氏の著書を読むと、「発達障害という概念が誤っていた」ことが判明すれば、発達障害が幻のように消えるようにも読めます。また、発達にまったく問題のない子どもたちが、間違って障害にされているようにも、とれなくもありません。私は、どういう名称で呼ばれるにせよ「発達的な観点で配慮が必要な子ども」が増えているという立場をとっていますが、この点について米田氏の見解を聞きたいものです。

親を苦しめないための方便として

発達障害という診断名が「親を苦しめないための方便として使われている」と主張するの

は、岡田尊司氏です。以下、『発達障害と呼ばないで』〔幻冬社新書、二〇一二年〕述べていることをまとめてみましょう。

発達障害とは脳の発達の障害であり、「養育要因による発達の問題は含めない」というのが本来の定義です。養育の問題だけでは発達障害のような症状を生じることはないし、万一あったとしても容易に区別できる、と考えられていました。

現実には、症状だけでは両者の見分けは容易ではなく、養育の要因の関与するケースが《発達障害》と診断されているのです。このなかに《愛着障害》と診断すべきケースがかなりあることが、一部の専門家の間でも言われるようになりました。

しかし、いまなお《発達障害》という診断が圧倒的に多く使われています。その理由として、「親が子育ての自信を失うような事態を避けたい」ことがあります。そのために、方弁が真実を押しのけ問題解決から遠ざかることも起こりうるのです。

「脳機能の障害」という診断は、薬物療法を導入しやすいのです。心理社会的要因が大きいとすれば、カウンセリングや遊びをベースとした治療がメインになるでしょうが、脳の障害ということで否定されてきた歴史があります。

養育などの環境要因の重要性が明らかになったことは、朗報とも言えるのです。改善するチャンスがあるということです。親が関わり方を変えることで〝愛着〟が安定し、子どもが本来の発達を取り戻すからです。予防を考えていくうえでも重要とのことです。

二〇一三年に岡田氏が高松で講演した折、私は『発達障害のうち、どのぐらいが愛着障害と考えられるか？』質問しましたが、『ADHDの九割ぐらいが愛着障害では……』という答えでした。もし発達障害の九割が愛着障害であるとすれば、「親のため」との善意からではあっても《発達障害》という診断は不適切ということになります。

脳の障害ではなく関係障害とする言説

愛着障害も発達障害もともに〈関係障害〉として捉えることができるという立場から、脳の先天的機能障害説に真っ向から対決しているのが、精神科医で臨床心理士でもある小林隆児氏です。「愛着障碍と発達障碍」〔二〇一六年〕と題する論文で次のように述べています。

ここで対象となっている子どもたち（〇歳、一歳段階で、「自閉症ではないか」と心配して受診した親子）は、母親に対して常に「甘えたくても甘えられない」状態にある。本来、子どもは心細い状態になると、母親に甘えることで不安は和らぎ安心するのだが、彼らにはそれができない。彼らの不安は非常に強く、未知な状況に置かれたならば「不安」は増強の一途を辿り、そこに悪循環が生まれる。不安が強いと刺激に敏感に反応するが、そこで知覚は（情動も）より過敏になる。そのことがより不安を強める。彼らは少しでも不安を和らげようとして、もがく。
そうした対処行動のうち、発達障碍に発展するものとして、次のようなことが挙げられる。
①母親に近寄ることができず、母親の顔色を気にしながらも離れて動き回る。
②母親を回避し、一人で同じことを繰り返す。
③なんでも一人でやろうとする。過度に自律的にふるまう。
④ことさら相手の嫌がることをして、相手の関心をひくようになる。
発達障碍と診断されてきた子どもたちは、発達障碍あるいは自閉症だからこのような行動をとるわけ

ではない。母親に対して「甘えたくても甘えられない」関係であったがゆえに、仕方なくこのような行動に出て、それが固定化あるいは恒常化してゆくと、発達障碍あるいは自閉症と診断される状態になる。

小林氏は二〇〇〇年頃にはすでに「自閉症や発達障碍は関係障碍による」と主張していますが、学会で激しく批判されたとのことです。当時の風潮を想像すると、吊るし上げに近いものだったのではないでしょうか。小林氏のお名前は気になっていましたが、著書を手にしたのはここ一、二年のことで、みずからの不明を恥じています。

氏が発達障害や自閉症の正体が〈関係障碍〉であることを早くから看破されていることに敬服しています。そのことを、『発達障碍の精神療法――あまのじゃくと関係発達臨床』〔創元社、二〇一六年〕で事例を通して描き出しています。著書は専門的なものが多く『甘えたくても甘えられない――母子関係のゆくえ、発達障碍のいま』〔河出書房新社、二〇一四年〕が読みやすいので紹介したいと思います。

平井正三氏は著書『精神分析的心理療法と象徴化――コンテインメントをめぐる臨床思考』〔岩崎学術出版社、二〇一一年〕で、対象関係論の立場から《愛着障害》と見られる状態について言及しています。「母親が乳児の苦痛を包み込み（コンテイン）、不安の意味を理解し、乳児が耐えられるようなかたちに修正し、それを子どもに戻してゆく」という母親の機能をコンテイニングと呼ぶ、W・ビオンの考え方を背景に「母親のコンテイナー・コンテインド関係が十分でないと、子どもは痛みを感じないようにすること、母親などは重要でないという対処法を身につける。これは生存のためだが、現実に合わないものになる」と述べています。

この見解は小林氏とほぼ同じと考えられます。対象関係論については、後で大石さんから触れていただけるとのことです。

発達障害「もどき」の提唱

統計で発達障害的な子どもの数が急増していることを考えるうえで、医師の成田奈緒子氏の〈発達障害もどき〉の提唱［『「発達障害」と間違われる子どもたち』青春出版社、二〇二三年］が示唆的です。

昨今の発達障害の激増に疑問を投げかけ、発達障害ではない子どもたちが「先天的な脳の障害」と診断されているとして、発達障害と似たような状態を呈する子どもについて、新たに〈発達障害もどき〉という見方を提唱しています。発達障害と診断されているうちどのくらいが発達障害もどきなのか、は明言されていない点が惜しくはありますが……。

成田氏によれば、脳は「からだの脳」→「おりこうさんの脳」→「こころの脳」の順序で発達するが、〈発達障害もどき〉ではそのバランスが崩れ、生きていくためにいちばん基本的な「からだの脳」が十分に発達していない状態であるとしています。そこで、幼少期の育児は、からだの脳が十分育った「立派な原始人にすること」としています。

からだの脳を育てるのは五感（味・臭・視・触・聴覚）からの刺激であり、そのために「規則正しい生活」、とりわけ十分な睡眠と早起き、食事を規則正しくとること、などが重要とされています。逆に、テレビやスマホなど電子機器の多用、親子のコミュニケーションの不足や、叱ってばかりいることも、〈発達障害もどき〉につながるとしています。

〈発達障害もどき〉は、規則正しい生活や『ありがとう』と『ごめんなさい』を大切にする親子関係などで比較的短期間に改善が見られるとし、薬に頼ることに疑問を呈しています。

医師が発達障害でない子どもにレッテルを貼ることに警鐘を鳴らしたのは画期的ですが、いくつかの疑問があります。成田氏は、〈発達障害もどき〉になるいちばんの原因として「夜更かし」を挙げて、いくつも事例を紹介しています。

私の経験では、言葉の遅れやコミュニケーションがうまくとれないとの相談で、夜遅くまで起きていることが問題の中心である子どもに会ったことがないのです。成田氏がその後に挙げている親子のコミュニケーションやテレビ、スマホなど情報機器が関係していると感じることがほとんどです。

成田氏は「発達障害もどきは生活の改善で短期間に変化する」としていますが、実際はかなり困難だと考えられます。私たちがいままで発達障害と診断されて対処に苦慮してきたものが〈発達障害もどき〉に変わるかもしれません。名前は変わっても、対応の難しさは《発達障害》と呼ばれていたときと変わらないのです。

発達障害もどきの提唱で、「発達障害ではなかったのか」ということで、特別支援学級の在籍者が減ることはないと思います。教育界で二十年続いている混乱が一段落するとは思えません。学校や保育の場でクラス運営を困難にし、教師の疲弊につながる「特別な配慮を必要とする子ども」が増えている現状は、厳然と存在していると考えています。

先天的障害説に疑義を挟む

『アンナチュラル――小説・自閉症』〔共栄書房、二〇一二年〕を書いた竹内願人氏は現職の医師とのことです。小説というかたちで発達心理学を援用し、自閉症が乳幼児期の生育環境から発症すると主張し、脳に起因するとした従来の説を激しく批判しています。

いまの日本で自閉症の原因について「脳障害」以外の説を主張することはタブーであり、文字どおり命がけの作業であるとも述べています。この作品の意図は、脳の先天的障害説を牽引してきた専門家やマスコミの誤りを指摘するところにあるように読めました。

医学の世界で、指導的な立場にある専門家が間違っていた例は、これまでにも無かったわけではありません。日露戦争時に軍隊で脚気が大量に発生しました。その原因をめぐって陸軍と海軍を巻き込んで激しい論争がありました。陸軍は「伝染病」説を、海軍は「栄養障害」

説を主張しました。

結果的には、脚気はビタミンB1不足であり、海軍の主張する栄養障害説が正しかったのですが、数と力で劣る海軍の説はなかなか採り入れられず、そのために脚気で三万人が亡くなったのです。

もっとさかのぼるなら、中世にガリレオの唱えた地動説は、教会から異端とされ審判を受けました。ガリレオは命を守るために屈服せざるを得なかったのですが、審判の後「それでも地球は動いている」とつぶやいたと言われています。天動説から地動説への「コペルニクス的転回」と言われる出来事ですが、発達障害の原因についても、将来これと似たような大きな転換が起きるかもしれないと考えています。

動物行動学者の観察から

動物行動学の立場から、自閉症の原因について「先天的な脳障害」説を批判しているのが、

N・ティンバーゲンとK・ローレンツです。このふたりは動物の行動観察から「すりこみ」などを明らかにしたことで、一九七三年にノーベル生理学・医学賞を受賞しています。

N・ティンバーゲンは『自閉症・治癒への道――文明社会への動物行動学的アプローチ』〔新書館、一九七二年〕で「自閉症児は、近代の都市化した過密状態の合理化された、しかもストレスの多い問題環境の犠牲者」であるとしています。

K・ローレンツは『文明化した人間の八つの大罪』〔新思索社、一九七三年〕で、工業化の流れのなかで家族に起きた変化は、親と子の接触を弱めたことだと述べています。「これは乳児期から始まり、母親が自分の時間のすべてを子どもに捧げることができないために、程度の差はあれ、R・スピッツの言うホスピタリズムが起きています。その結果、人間が触れ合う能力が治療困難なまでに不可逆的に低下している」とのことです。

比較動物行動学の研究の手段は、心理臨床と同じく観察であり、その手法はノーベル賞を受賞するほど高く評価されています。同じ研究手法をもつ立場から一九七〇年代初頭に「脳障害」説に疑義が発せられていることは心強いのですが、あまり顧みられなかったようです。

親子関係が変わると状態が変わる

発達障害に関する著書は多数、出版されています。不勉強なのでそれほど読んではいませんが、原因論については、先天的な障害の他に、遺伝や、環境ホルモンなどさまざまです。そうではあっても、多くの著書が、幼少期の親子関係が変わると症状が改善するとし、そのための工夫や提案に紙幅を割いています。

そうでありながら「原因は脳の障害である」として、「親子関係は関与していない」とすることに、私は強い違和感を覚えるのです。もし親子関係の変化で状態が変わるのであれば、その発現に親子関係が介在していると考えるのが自然ではないでしょうか。

大井学氏は「自閉症をめぐる五つの謎」〔竹内慶至編『自閉症という謎に迫る』小学館新書、二〇一三年、所収〕のなかで、治療効果の点から親子関係に言及しています。アメリカで効果が実証されつつあるのは、親子の相互作用を自然に充実させる技法、社交を中心とする小集団活動だけだと述べています。ＴＥＡＣＨの技法を用いた視覚的構造化や、アメリカ厚生省が唯一効果を公認している応用行動分析、ソーシャルスキルトレーニング（ＳＳＴ）についても、世間ではもてはやされていますが、どれも検証された効果はないとしています。

私は「親子の相互作用を自然に充実させる」という表現が気にいっています。世間では子どもとの関わり方をトレーニングで学ぶことが流行っていますが、親子関係が知的で意図的なものになりそうで、危惧しています。質の良い親子関係というものは、学ぶことで手に入れるものではなく試行錯誤しながらわかってゆくことが大切なのです。

一九七〇年代に児童相談所などで、グループによる自閉症の母子療育が盛んにおこなわれていたのですが、大井氏の言説はその妥当性を裏づけてくれるものです。「先天的な脳障害」説の影響もあって最近、下火になっているようで惜しまれます。

苦しみながらの真摯な模索

私が《発達障害》の原因にこだわって、親子関係が関与している可能性について触れたところ、「悪もの探しはやめよう」とか「犯人探しをしても仕方がない」という反応が、複数の人から返ってきたことがあります。

この発言は暗に、「原因を突き詰めてゆくと、親子関係に行きつかざるを得ない」ことをほのめかしていると思います。原因探求を止めようと言うのは、子育てで苦労している母親にこれ以上追い打ちをかけるようなことをしたくない、ということなのでしょう。

カウンセラーにとっても、親子関係の検討はつらいものですが、真実から目を背けて適切な援助ができるとは思えないのです。カウンセラーとクライエントの苦しみながらの真摯な模索が、本質的な援助につながると私は考えています。

対論 5

愛着障害の視点

——愛着形成不全とは

クローズアップされてきた「愛着」

小柳 最近、《愛着障害》という言葉を耳にするようになりました。「愛着」とは、J・ボウルビィが提唱した概念で、特定の母性的対象との情緒的な結びつき、ことに乳幼児が情緒的相互作用を通して形成される、主たる養育者との強いきずなです。

愛着障害は、養育者とのあいだで「愛着」がうまく形成されないために、言葉の発達が遅れたり、人と関わりがとれなかったり、状況に合わせて行動を適切にコントロールできなかったりするものです。発達障害と似ていて、見分けるのはとても難しいと言われています。

米澤好文氏は《愛着障害》についての臨床の第一人者と言える人です。著書『やさしくわかる！ 愛着障害――理解を深め、支援の基本を押さえる』〔ほんの森出版、二〇一八年〕で、「発達障害ととらえられている子どもの中に、愛着の問題を抱えるという視点で捉え直すと、その子が抱えている問題がクリアに見えるのではないか」という問題意識から出発したと述べています。

愛着障害は、子どもが求めているものと周囲の大人が提供するものとが違っているために起きるとしています。そして、目に見える行動に惑わされず、子どもの求めていることを正確に汲み取り気持に沿った関わりの重要性を強調しています。

出発点は私と同じですが、違っている点があります。いちばん大きな違いは、《愛着障害》とは別に、脳の障害による《発達障害》があるとする点です。愛着障害は感情の障害であり、注意欠陥多動障害（ＡＤＨＤ）は行動の問題、自閉症スペクトラム（ＡＳＤ）は認知の問題であるとしています。これらは、状況における行動の仕方の違いで見分けられるとしていますが、米澤氏に脳の障害による発達障害があるとする「臨床的根拠」を聞きたいものです。私は、これらは別のものではなく、《愛着障害》というひとつの現象を感情・行動・認知の側面から見ているだけではないかと考えています。

米澤氏は《愛着障害》が増えており、これからも増えるだろうと言います。その原因は、「親子の愛着形成を妨げる映像やゲームなどのメディア刺激が多すぎることだ」としています。親の求めていたものが得られないとき、メディアで紛せてしまえる環境だとしています。

この考えにも一理ありますが、これだけで《愛着障害》の増加が説明できるとは思えないのです。私は、増える要因がわかれば対応を考えるうえで有用だろうし、予防することも可能になるかもしれない、と考えます。

先天的なものとの鑑別が難しい?

友田明美氏の「不適切な養育によって脳が傷つく」という指摘は注目に値します〔『子どもの脳を傷つける親たち』NHK出版新書、二〇一七年〕。この説では、脳に障害があるとしても必ずしも先天的と言えないことになり、発達障害の「先天的脳障害」説に一石を投ずるものです。《発達障害》が、先天的な脳の障害ではなく「不適切な養育」で起きているとする可能性を秘めているのです。他方、友田氏は「先天的な脳機能障害」としての発達障害もあるとの立場をとり、不適切な養育による脳の傷つきによる障害との鑑別が難しいとしています。

同様の見解は、杉山登志郎氏が『発達障害の子どもたち』〔講談社現代新書、二〇〇七年〕で、虐待が脳に及ぼす損傷を仮定し、「第四の発達障害」という概念を提唱しています。被虐待児は《愛着障害》によって多動性行動障害のような臨床像を呈し、ケアがなされない場合には発達障害症候群を形作るとしています。そして、本来の《発達障害》との鑑別が難しいが、解離の有無や薬の効き方で鑑別できるのでは、としています。

友田氏も杉山氏も「発達障害と愛着障害の鑑別が困難」としていますが、私は発達障害と呼ばれているものの正体は、養育や環境によって引き起こされた〈愛着障害〉であり、先天的な脳の障害に由来する《発達障害》は存在しないのではないかと仮定しています。この立場に立てば鑑別できるはずがないのです。

いまのところ《愛着障害》に言及している人は、米澤氏がそうであるように、多くが「脳の機能障害である発達障害があり、それとは別に愛着障害がある」と考えています。私はそうではなく、発達障害の急激な増大は、愛着障害が増えていて、それが発達障害と診断されているためと起きていると考えています。

診断が間違っていたということだけではなく、愛着障害と発達障害が別のものではなくて、発達障害と呼ばれていたもののほとんどが愛着障害はないかという大きな問題をはらんでいるのです。

現状では《発達障害》と診断されれば脳の先天的な障害となるのですが、発達障害か愛着障害かの診断は、状態像を把握しそれが発達障害の診断基準にあてはまるかどうかや、生育歴の聞き取りによるものであり、脳の画像などではないのです。脳の障害と断定できる根拠があるとは思えません。

「発達障害か？　愛着障害か？」が心理臨床に与える影響は大きく、カウンセリングで愛着障害が疑われる場合でも『うちの子は発達障害で、医師から「育て方は関係ない」と言われた』とされれば、それ以上、母子関係を探求できなくなります。結果的には、医療に丸投げして、薬とトレーニングになるのです。

愛着形成不全という表現

《愛着障害》は医学用語で、心理臨床でも使われます。「障害」とつくと、対処できるのは医師だけで、それ以外の人は手出しできない印象を与えます。

私は、母子間で強い情緒的なつながりである「愛着」が何らかの理由で十分に形づくられないという意味で、愛直形成不全という表現の方が生じている事象をより正確に表していると考えています。米澤好文氏もこの表現を提唱しています。

本書ではこれ以降、十分に定義された言葉ではありませんが、病気や障害と捉えられやすい「愛着障害」に代えて、「愛着形成不全」を使います。愛着の形成が妨げられる原因や程度はさまざまで、それが症状の多様さにつながるのです。《愛着形成不全》となれば、援助の対象は親子関係になります。援助は安易ではありませんが、保育や教育など親子関係や発達に関わる人が手を出せるようになるのです。

医師は親子関係については専門家ではありません。問題行動が「脳の障害」である発達障害とされて診断から治療まで医療に丸投げになっている現状が、一変する可能性があります。また、親子関係を改善する薬はありません。手に負えないような激しい行動への対症療法としての投薬はあるのかもしれませんが、変わらざるを得ないのではないでしょうか。

アメリカに追随してきた理論

日本の自閉症や発達障害の理論は、アメリカに追随してきました。アメリカが変われば日本も、それに倣って変わってきたのです。二〇〇〇年に入って、自閉症スペクトラム（ＡＳＤ）、注意欠陥多動障害（ＡＤＨＤ）と学習障害（ＬＤ）の上位概念として《発達障害》を置き、その原因を「先天的な脳の機能障害」としたのも、その一例です。もし、アメリカで脳の機能障害説への疑義が出されれば、日本も右へ倣えで変わるのでしょうし、それに期待する向きもないわけではありません。

しかし、土居建郎氏が著書『甘えの構造』〔弘文堂、一九七一年〕で、英語には「甘え」に相当する表現がないと述べています。とすれば、「甘え」という情緒に関わる不都合であるという理論がアメリカから出てくることは期待薄です。《発達障害》と呼ばれているものが脳の障害ではなく「愛着」が関わっているという理論が出るとすれば、日本か、もしくは対象関係論が盛んなヨーロッパからではないかと思っています。

対論 6

愛着形成不全を読み解く

――対象関係論を手がかりに

人生早期の母子関係に着目する

答 母子関係に関する理論的研究としては、英国の精神分析家であるM・クラインに始まった〈対象関係論〉を外すことはできません。対象関係論はその後、D・W・ウィニコット、W・ビオン、T・H・オグデンらによって発展していきます。

不思議なことに日本の対象関係論者は、発達障害と母子関係について正面から言及することをあえて避けているように感じます。発達障害は先天的な脳の機能障害であり「母子関係には起因しない」という前提があるのかもしれません。私はその専門家ではありませんが、自分なりに解釈した〈対象関係論〉の視点から、発達障害について触れたいと思います。

なお、ここでは〈対象関係論〉での考え方が「母子」関係への着目から始まっているため、そのような表記となっていますが、本書の趣旨に照らして適宜、「親子」関係、「養育者と子ども」の関係あるいは「大人と子ども」の関係というように、読み替えてください。

自閉スペクトラム症の特徴に「相手の感情の読み取りが苦手」というものがありますが、先天的な脳の特性だと言われています。これを「後天的に形成された特性」と仮定すると、早期の母子関係において「自分の気持が受けとめられ、適切なかたちで応答してもらう」体験が足りなかった結果、特性と呼ばれるものが身についたとも考えられるのです。弱い立場にある子どもは「特性」という鎧《よろい》を身にまとうことで自分を守らざるを得なかった、という見方も成り立つのです。

この仮定に立つと、子どもが他者の気持を読み取る能力を獲得するためには、いちばん身近にいる母親の感じ取る能力、汲み取る力が重要だということになります。母親が多忙で日々時間に追われている状態にあると、その力は著しく落ちてしまうと想像されます。

母親が赤ちゃんを前にして無表情になってみるという「制止顔パラダイムでの乳児の反応の実験」では、子どもは生後二ヵ月頃から「自分の行為によって他者の行為が引き出される」という社会的相互作用の基本的な因果関係を理解していることがわかっています。

子どもの発信に対して養育者が反応しないあるいは無表情でいると、子どものポジティブ情動や視線が減少し、ネガティブ情動の増加とストレスホルモンであるコルチゾールの増加が見られたのです。しかも、母親が笑顔に戻って赤ちゃんも笑顔になっていても、「いったん下がった体温は上がらない」という結果も出ています。

子どもの感情表出に対する応答は、タイミングつまり間合いが非常に重要だということです。応答にタイムラグがあると、子どもの心身はストレスを感じているということです。コロナ禍でオンラインによる研修会や会議が増えましたが、画面上のやりとりでちょっとしたタイムラグが生じたときに、ストレスを感じる体験をした人は多いのではないでしょうか。

子どもとのやりとりも、そこに含まれる情緒が瞬時に響き合うことが重要なのです。実際に、母親からの応答のタイミングが噛み合っていないことが、子どもの情緒不安定や過敏さにつながっていると思われるケースは少なくありません。

D・N・スターンは、子どもの情緒的反応に響き合うかたちで大人が反応することを〈情動調律 *affect attunement*〉と呼んでいます。乳児が生後九ヵ月頃から、模倣を超えて、乳児と母親との主観のあいだで情動を共有するための行動である〈情動調律〉は、子どもの気持を察した大人が感情をチューニングし共有することであり、人間のこころの形成にとって非常に重要です。

この二者関係がベースとなって、同じ対象を共に眺めるという〈共同注視 *joint attention*〉が可能となります。言葉による交流が始まる前の感覚（あるいは情動レベルでの交流）は、子どもに「一緒に居てもらえる」安心感をもたらし、コミュニケーションの発達基盤となるものです。《発達障害》と呼ばれる子どもたちがコミュニケーションに課題を抱えているのは、身体レベルの交流の基盤づくりの時期に、何らかの不都合があったことを示唆しています。

小柳　コミュニケーションというと言語によるものと考えられがちですが、乳児期の赤ちゃんは身体接触や授乳などを通して活発に身体レベルで母子間で情緒の交流をしていて、これがとても大切であると対象関係論は見ているのですね。

私も、発達障害を考えるなかで人生のごく早い時期での母子間の言語によらない身体的コミュニケーションの重要さに気づきました。この段階での情緒のやりとりはとても濃厚で緻密なのですが、このやりとりのズレが、発達障害と呼ばれているものの原因と考えられるのではないか、とたどり着いたところです。

投影して同一化するとは？

答 〈対象関係論〉は人生早期の母親との関係性をベースとして、乳児のこころのなかにどのような「内的対象」が形成されるのか、をテーマとする精神分析の理論ですが、それを説明する際に〈投影同一化〉という概念が重要です。

簡潔に説明しますと、乳児は母親との関係で引き起こされた欲求不満に耐えきれないとき、その部分を自分から切り離して、母親を「悪い母親」として認識し、その感情を母親にぶつけます。これを〈投影同一化〉と言います。

適切な関わりができる母親は、乳児の体験の意味を理解しようとし、その気持を読み取り、乳児が取り入れることのできるかたちにして返します。この体験を重ねることで、乳児は、自分のなかで起こる不快な感情を意味ある体験として自己認識できるようになります。

英国の精神分析家W・ビオンは、赤ちゃんが泣いているとき母親がその泣きに気づくことに加えて、その泣きが何によるものかを汲み取る機能を〈アルファ機能〉と呼んでいます。乳児は母親のアルファ機能による関わりによって、自分のなかに生じた混沌とした心的要素を「思考」や記憶（あるいは夢）というかたちで体験できるようになります。

母親の〈アルファ機能〉が十分にはたらかないとき、乳児のなかの心的要素は形をなすことなく、自分と切り離されて外界に投影され、外界や他者は「自分に脅威を与えるもの」として認識されます。これが精神病の妄想や幻覚につながっていくことがある、とされています。

〈投影同一化〉は、単なる投影とは異なり、自分の側にある不快な感情やその根底にある信念を他者に投影し、他者がその信念を実現するように動かそうとする「自己成就」的な予言でもあります。つまり、投影を向けられた相手は、あたかも投影を向けた人がもっていた感情や信念を証明するかのように、振る舞い始めるわけです。

もともとは赤ちゃんの泣きに応えるはずの立場にあった母親が、赤ちゃんの気持を受けとめ損なってしまうと、赤ちゃんがダダをこねて言うことを聞かなくなり、母親の方がイライラすることになります。そして、「この子は私をイライラさせる」との怒りを赤ちゃんにぶつけたり、時には手が出たりします。

自分の思うようにならない赤ちゃんに対して母親が〈投影同一化〉を起こしている状態であり、多くの虐待はこのメカニズムで説明することができます。そして、赤ちゃんは母親の感情に応戦するかのように一層ぐずるようになるのです。

母親からは「問題」に見える子どもの行動も、その内実は、子どもが身体を張って「気持が受けとめられていない」ことに気づいてほしい、というメッセージを送っているのです。それが受けとめられないことが続くと、発達障害の特性と呼ばれているものにつながってゆくと考えることができます。

子どもの問題行動の根っこを子どもの立場から遡っていくと、自分の気持を受けとめてもらえないばかりか逆に「攻撃を受けた」というトラウマ体験であることは少なくありません。これに気づくことができない母親のなかには、幼少期から自分自身が母親に気持を受けとめてもらえず逆にひどく叱られた、という生い立ちをもつ人が少なくないと思います。

感覚過敏をもたらす
安心感の希薄さ

自分の気持を汲んで応答をしてもらえない状況が続くと、子どもは他者を「こころを許してはいけない」存在として認識するようになります。その結果、こころのエネルギーは「外界の脅威から自分を守る」ために使われるため、自分の内部に生じている欲求や感覚を後回しにし、そこに蓋をして生き延びていく術を身につけざるを得なくなります。

《発達障害》特有の感覚過敏という症状は、注意の切り替えの困難さ（いったん知覚された感覚から、別の刺激に注意を逸らすことの困難さ）からくるものであり、それは、外界の環境に対する「安心感の乏しさ」と無関係ではないと考えています。

重要な他者から応答がないだけでなく、いつも噛み合わない応答を受け取り続けることによって、基本的自己肯定感である〝安心感〟が育たず、その結果、「感覚過敏」や「こだわり」「かんしゃく」などが常態化するという仮説です。

人は、全身の器官で外界の刺激を感受し、その情報を適切に処理して脳へ送らなければなりません。そのためには、いま－ここで知覚されるさまざまな刺激のなかから、必要なものを取捨選択する必要があります。

外界からの膨大な量の感覚情報を整理したりまとめたりするはたらきは〈感覚統合〉と呼ばれますが、それが適切にはたらくには、外界の環境に対する〝安心感〟が育っていることが必要ではないかと考えています。その安心感が育つためには、子どもの欲求を適切に汲み取り、応答してくれる人の環境が用意されなければなりません。

ここでいう〝安心感〟とは「自分が自分であり〝ここに存在していても大丈夫〟と感じる」主観的な感覚です。この安心感は、赤ちゃんが不快を感じて泣いたとき、それに気づいた母親が「泣き」の意味を汲み取り（アルファ機能）、快の状態に戻してくれる、というはたらきかけを繰り返すことで形成される「身体感覚」をベースに育つものなのです。

「こころ」をもった個人になるということ

〈対象関係論〉で中心的な役割を果たしたW・ビオンは、乳児の気持を受けとめ理解してくれる母親の、容器としての機能を〈コンテイナー*container*〉（容器）、その中身を〈コンテインド*contained*〉（内容）、それをおこなっていく行為のプロセスを〈コンテイニング*containing*〉と命名命しています。

大事なのは、乳児のこころの容器となるのは、母親の知識（たとえば、子どものことを脳の特性だとしたりする）ではなく、母親の〝こころのはたらき〟だということです。母親の包み込む機能（あるいはアルファ機能）がやがて乳児のなかに内在化されることで、乳児は一個の独立した「こころをもった人」になっていきます。

W・ビオンは、子どものことに思いを巡らせることを〈もの想い*reverie*〉と呼んでいますが、アメリカの精神分析家のT・H・オグデンはさらに発展させ、これを、なにかに焦点化された意識状態ではなく、「ぼんやりと全体を眺めながら、さまざまなことに思いを巡らせている」状態として捉え直しています。

そしてオグデンは、心理治療において「ぼんやりと全体を眺める」状態で治療者の側に生じてくる主観的反応が、クライエントの内的状態を捉える有効な手段になり得ることを見出しています。これは、赤ちゃんを抱っこした母親がゆったりと赤ちゃんの発する生理的・心理的反応に意識を流しつつ、時にそれに応じながら、赤ちゃんを快の状態に保っている姿にたとえることができます。

母親が子どものことに思いを巡らせるという心的機能には、母親が「自分の関わりを子どもの立場から振り返る」作業を含んでいます。その思い巡らしが実際に当たっているかどうかよりも、大人が「自分の主観と子どもの主観とを重ね」ながら関わりを続けることが、お互いの信頼感と安心感の土台になると考えることができます。

思いを巡らせ、受けとめ、返す

《発達障害》と呼ばれる子どもたちは、この土台づくりがうまくいかず、それをカバーするためにさまざまな対応策を身につけざるを得ず、これが「特性」と呼ばれるものになったという見方もできるのではないでしょうか。

このように捉え直すことで、支援がうまくいくケースはあると考えています。《愛着形成不全》の視点から母子関係を改善することで、症状や問題行動が軽減したケースは少なくないのです。もちろん、母子関係の改善じたいが実際には困難であることは確かですが。

近年、母親から「子どものかんしゃくの対応に困っている」という相談が増えているように感じていますが、これは母親が「子どものこころに何が起こっているか」に関心を向けることなく、行動だけを見て一方的に叱ったりすることによって生じていることが、よくあります。かんしゃくは、子どもが母親に気持を受けとめてもらえないことに耐えきれず、その心的要素を母親にぶつけている状況を意味します。

母親から受けとめてもらえないと、子どもは自分のなかに生じている怒りや、寂しさや、悲しさなどの感情を自分のものとして体験することができません。気持が誰かに受けとめられ適切な言葉を返してもらってはじめて、自分のなかにある感情が何であったかを認識し、こころに収めることができるのです。

たとえば、弟におもちゃを横盗りされてかんしゃくを起した子どもが、「いつものわがままが始まった」ということで一方的に叱られても、「自分の内部にどんな感情が生じているのか」わからないのです。

母親がその気持に気づいて、『せっかく楽しく遊んでいたのに、大切なおもちゃを取られて悔しかったね』という言葉を返せると、その子は自分の内部に「悔しい」という気持が生じていたことに気づくことができ、かんしゃくが鎮まることになるのです。このような体験の積み重ねが子どもの自己感覚を育て、自我発達を促すと考えています。

二次障害としてのいじめ

さきほど投影同一化について説明しましたが、投影同一化のもうひとつの例として〈いじめ〉が挙げられます。いじめは発達障害の二次障害としてしばしば指摘されますが、投影同一化のメカニズムによっていじめを説明すると、わかりやすいのです。

いま学校では〈いじめ〉の低年齢化が問題になっています。これまでいじめは中高生の問題だと思われていましたが、統計的にいじめが多いのは小学校の低学年です。ここ数年、低年齢化が顕著になっています。小学校低学年からいじめが多いことは、近年の不登校増加にもつながっています。

いじめが低年齢化した理由のひとつに、「子どもの多忙さ」が挙げられるのではないでしょうか。夕方に学校が終わっても、習いごと、宿題、塾などに追われ、子どもは休んだり遊んだりする暇もないのです。自由な時間を奪われた子どものなかには、そのストレスを誰かにぶつけることで解消しようとする子もいます。

そのときいじめる子の側には〈投影同一化〉のメカニズムが働いています。自分のなかの「悲鳴を上げている自分」「弱い自分」を感じないように蓋をして、そのこころの部分を仲間の誰かに投影し、ターゲットに選ばれた子を攻撃し、その子が精神的に追い込まれるように仕向けるのです。

子ども時代を〝子どもらしく〟生きることが許されている子どもは「自己感覚」がしっかり育っているので、疲れやストレスが溜まるとそのことに気づき、ぐっすり眠ったり、運動して身体を動かしたりすることで、自分の状態を調整します。ストレスを〈いじめ〉というやり方で仲間にぶつける必要はありません。

この自己感覚の成り立ちを遡れば、乳児期の母子関係のなかに〈アルファ機能〉による交流が十分あったかどうかが、気になるところです。つまり、「ありのままの自分が大切にされた」という体験が自己感覚を育むのです。自己感覚が育っている子どもは、自分の状態を言葉で伝えたり、人に助けを求めたりすることもできます。

〈いじめ〉を善悪ではなく心理学的に捉えてみると、いじめをしてしまう子どもは、多くの場合、ありのままの自分を大切にされた体験が乏しかったという背景があります。ありのままの自分を受け入れてもらえない「怒り」を相手にぶつけている、という意味で強い投影同一化がはたらいているのです。

いじめの標的に選ばれやすい子どものなかには、《発達障害》特性のひとつとされている「その場の空気が読めない」子が含まれています。その背景にはやはり（いじめる側と同じく）、親から情緒的な交流を十分受けていないことの結果として、その場の状況や他者感情を読み取ることが苦手になってことが考えられます。

また〈いじめ〉には、いじめる側に「妬み」の心理がはたらいていることが多いのですが、いじめられる子どものなかには、自己肯定感が低いために〈いじめ〉をはね返せず、巻き込まれるかたちで言いなりになってしまうのではないかと考えられます。

このように〈いじめ〉の現象には、愛着形成のうえでの課題が幾重にも重なって影響を及ぼしているのです。

受けとめられない親の背景

カウンセリングにおいても、クライエントはカウンセラーから「自分のこころで何が起こっているのか」に関心を向けてもらい、それを適切な言葉で受けとめて返してもらえることで、自分のなかに存在していた〝こころの声〟に気づき、それをみずからのこころのなかに収めることができるのです。

この原理に拠れば、子どもがぶつけてくる感情を、そばにいる大人が（母親に限らず）受けとめたり、多少腹が立っても何とか持ちこたえたりすることが、子どものこころを落ち着かせることにつながるのです。

実際には、いちばん受けとめてほしい母親からそれをしてもらえず、症状や問題行動が悪化しているケースをよく見かけます。母親にゆとりがなく、受けとめる代わりに叱る、叩く、あるいは諦めて「子どもの言いなりになる」ことが多いのです。

子どものこころの状態に気づけず受けとめられない母親には、それなりの理由があります。母親の気持の受けとめ手がいない子育て環境、母子関係のトラウマなど母親自身の生い立ち、母親自身の特性と呼ばれるもの、この三つが考えられます。子どもの問題は、母親が育ってきた過程や、自分のこころを誰からも気づいてもらえない子育て環境と、表裏の関係にあるのです。

子どもの「心持ち」に応える

大人は「子どもの何に意識を向ければよいのか」についての貴重なヒントを、日本の幼稚園教育の創始者である倉橋惣三氏の言葉に見ることができます。

倉橋氏は、子どもの内面にその瞬間に湧き起こっている気持のことを「心持ち」と呼びました。子どものその時の心持ちに応えることのできる先生が「うれしい先生」だと言っています。これは教師にも親にも当てはまることです。逆に、心持ちに気づいてもらえないとき、子どもは満たされない気持になります。

子ども理解の視点では、まず「この子は何があってそのような行動をするのだろう」と問うていきます。同じ人間であることを前提に、その行動の背後にどのようなこころの状態があるのかを自分のこころを使いながら探っていくのです。

その一例として、津守眞氏の「援助者がほとんど無意識の体感の認識に何度も立ち返り、そのことの意味を問うていく」〈省察〉による実践を挙げることができます。「保育の知を求めて」〔教育学研究、二〇〇二年〕のなかで、四歳のH夫が弁当を食べるとき、最後の部分を床にひっくり返して長靴で踏みにじるという行動について考察しています。

子どもの傍らに佇んで、そこから「この子の生活には楽しんでやっていた行為が、その最後で外部の力によって駄目にされた体験が多いのではないか」との洞察を得ることで、H夫の行動が劇的に改善した事例を引用しています。

ここで津守氏が子どもを前にしてはたらかせているこころの機能は、対象関係論のいう〈もの想い〉でしょう。これは、保育者だけではなく母親にも当てはまると思います。母親にいつもそれが出来なければならないという意味ではなく、関心を子どものこころに（脳ではなく）向け直すために、「心持ち」という言葉を知っておくことが大事だ、という意味です。

子どもに対する評価や判断をいったん棚上げし、いま目の前にしているその子に波長を合わせながら行動の背後にある「心持ち」に応答していくこと。そのとき大人は、自分自身の「身体感覚」に立ち返り、それを丁寧に吟味していくことによって、子どもの理解へと向かっていくのです。

小柳 早期の母子関係で起きていることについて説明していただきありがとうございます。まだ十分に理解できていませんが、〈対象関係論〉は発達障害を見事に読み解いているように思えます。日本の研究者は《発達障害》という現象についてこう考えている、というかたちで言及することが少ないので歯がゆく感じています。

Ｈ夫の事例を聞いて、あるクライエントを思いだしました。その人はうれしい経験すると、その後でせっかくの体験を台無しにしてしまうのです。「自分には楽しいことがあってはいけない。享受する資格がない」という呪縛をかけていて、この掟を破って楽しんだ自分を罰するのです。このメカニズムを理解するのは大変で、年単位の期間を要しました。それを短期間で読み解いている津守先生はすごいですね。

子育ては適切なタイミングで「心持ち」に応えていくことに尽きると言ってもよいのですが、《発達障害》と呼ばれる子どもが急増していることは、それが母子関係でうまくいかなくなっていることを示唆しています。大石さんはその要因として、母親の忙しさやゆとりのなさを挙げていますが、この背景について、深めてゆくことができればと思っています。

後篇　時代と社会とこころ

対論7

生きる速さの変化

――SNS情報社会の到来

生きる速さが増した時代

小柳　私は《愛着形成不全》は「乳幼児期に母子間の情緒のやりとりがズレる」ことから起きると考えています。ズレやすくなった（あるいは少なくなった）要因としていちばんに挙げたいのが、大人と子どもの「生きる速さ」が違ってきたことです。

もちろん、個々の家庭の事情や親子関係が大きく影響しており、カウンセリングではここに焦点をあてて進めてゆきます。しかし、最近の発達障害と呼ばれる子どもの急増は、個々の事情だけで説明できるとは思えません。より大きな社会的要因が関与していると考えられるのです。

私は一九五〇年生まれで、七十年あまり生きてきました。この間の社会の変化は本当に目覚ましいものです。ことに一九六〇年頃から変化のスピードが加速度的に上がってきたことを、肌で感じます。生活を大きく変えたのは、テレビや電気洗濯機・冷蔵庫といった電化製品の普及と、その後の自動車の普及です。

能登の田舎に祖父母が住んでいましたが、家庭の中心にあった囲炉裏が、テレビの登場と入れ替わるように姿を消しました。私は、囲炉裏が好きで、田舎に帰ると張り付いていたものです。囲炉裏は家じゅう煙だらけになるし、暖房としての効率は悪いのです。それでも、火を眺めながらゆっくり流れる時間や茶釜でお湯が沸く音、遠火で焼いた魚のおいしさが、忘れられません。

いま思うと、家から囲炉裏が消えたとき、人はなにか大切なものを失ったように感じます。欧米ではいまだに日本の「床の間」のように「暖炉」を残しているようですが……。私はいまの家に移るとき、薪ストーブを入れたのですが、そうした失ったものを取り返そうとしているのかもしれません。

一度目の東京オリンピックは一九六四年でしたが、「より速く、より高く、より強く」というスローガンが、当時の雰囲気を端的に表しています。オリンピック開催に合わせて、東京－大阪間に新幹線が開通し、名神高速道路がつながりました。速くなることが、進歩であり発展であると素直に信じられた時代でした。

一九六〇年代は高度成長経済の時代と言われ、大量生産・大量消費というライフスタイルが始まります。しかし、どれほど魅力的な物や情報やイベントが提供されても、体はひとつしかなく一日が二四時間であることには変わりありません。

私たちは土砂降りのように降ってくる物や情報に、車や情報機器を駆使し「生きるスピード」を速め、「生活の密度」を濃くすることで対処したのです。成長や発展の尺度として肯定的に捉えられていたので、「速くなっている」ことに気づきにくいし、弊害があるとは考えていなかったのです。

速さの変化が親子関係に影響する

大人の生きる速さの変化が、子育てに大きな影響を与えたのです。いまの大人の速度は、譬えれば車で時速六〇kmで生きていると考えてよいのではないでしょうか。一方、乳幼児は生物としての人間の速度である時速四kmで生きています。

かつて人間は親子ともども、歩く速度で生きていました。子どもが泣いたときに世話をするのに、同じ世界の移動で済んだのです。現在、時速六〇kmで生きている親は、子どもの世話をするときに「こころのギア」を何度も入れ替えて、時速四kmの世界に移動しなければならないのです。現代社会の子育ては、速さが異なる二つの世界を親が日に何十回も行き来しなければならない、過酷な営みになったのです。

生きる速さが異なるために、子どもが世話を求めたとき即座に対応できず、時間のズレが生じます。先ほど大石さんもオンラインで指摘されましたが、テレビの海外中継のとき、音声に微妙な間ができます。そのズレは時間にすれば一秒もないのですが、不快感が生じます。大人と子どもの間でも、それと似た（おそらく、それ以上の）ズレが起きているように思います。そうしたことから、身体的には一緒にいても、情緒的な交流が妨げられやすくなったのではないでしょうか。

また親にとっては、時速六〇kmの心性でいるときには、子どもの声は、音としては聞こえても、そこに含まれている「心持ち」は受け取りにくいのでは、とも考えます。こうした状況が、意図せずとも無視（ネグレクト）という心理的虐待の温床になると考えています。ネグレクトは、目には見えませんが、虐待のなかでも「こころに与える傷」はとても深いのです。

大人と子どもの生きる速さが違ってきたという発想は、子育て支援センターの相談で、何人かの六ヵ月ぐらいの子をもつ母親から、『子どもは可愛いのだけれども、一緒に長くいると、煮詰まるような苦しさを感じる』と聞いたことから浮かんだものです。

つい先日まで職業人として手早く生きていたのに、子どもを育てるときには時速四kmでなければならない、その意味づけがうまくできないために生まれた、苦しさなのではないかと思えたのです。


人が生きてゆくためには、自分はこの世に居てもいいんだという「存在への自信」が必要です。この自信が子どもに生まれるためには、親が世話をするとき「この時間には意味がある。自分にとっても大切な時間だ」と感じていることが重要なのです。時速六〇kmで生きていると、子どもと過ごすゆっくりな時間を「意味づける」ことが難しいのです。意味が感じられなければ、子育ては、イライラするだけの難行苦行になるでしょう。

大人は速く生きることに慣れすぎて、ゆっくりとした時間が苦手になっているとも言えます。一緒にいる母親の機嫌が悪いと、子どもは「自分が親の人生を邪魔している」ように感じて、存在の自信が育ちにくくなるのです。

かつては「子育ては際立って面倒」ということは無くて、炊飯や洗濯など生活や家事全般が同じ面倒さを伴うものだったのです。しかし、電化製品の普及で多くの家事が楽になってゆくなかで、取り残された子育てが、とてもしんどく感じやすくなっているとも考えています。

神話的時間と現実の日常の時間

㊅ 小柳さんの「時速四km」という言葉から、哲学者の鶴見俊輔氏の『神話的時間』〔熊本子どもの本研究会、一九九五年〕という本を思い出しました。神話的時間とは、現実の「日常の時間」と対比される言葉です。

たとえば幼児が、森に天使がいることを信じていたり、雷の音を聞いて神様が怒っていると感じたりする。大人になっても、小鳥のさえずりで懐かしい子ども時代を思い出したり、ヒグラシの鳴き声を聞いて悠久の時間に浸ったり。そんな、現実と空想の境界のない世界や、過去－現在－未来が折り重なった時間を指しています。

母親が赤ちゃんに授乳しながらまどろんでいるときや、子どもに絵本を読み聞かせながらその世界を子どもと共有しているとき、そんな〈神話的時間〉が流れているのかもしれません。

大人だけでなく（いや、大人以上に）いまの子どもたちは、感覚的には私たちよりもさらに速い時間の流れのなかにいるように思います。時速四㎞で歩くとすると、道端に咲いている花が目に止まったり、昆虫を追いかけたり季節の変化を感じたりできます。六〇㎞だと、それができません。

こうした〈神話的時間〉を生きる余裕はなく、現実的な時間に追われて生きることを迫られています。塾や習い事でスケジュールが埋まり、親からは「はやく、はやく！」と急き立てられます。この時間感覚は、社会人になっても、やがて退職するまで続きます。親も子も、立ち止まることのできない忙しい人生を送ることになるのです。

いま、増えている不登校は、そのような人生のレールから降りることを試みているという見方もできます。人生には決まった道はなく、さまざまな生き方があり自分のペースで歩いても大丈夫なのだとわかれば、みずから動き始めるのだと思います。

望んだ変化で苦しむことにも

小柳　それにしても、私が生きた七十年間での「変化」の速さはすさまじいものでした。この間に照明は、白熱電球から蛍光灯に、それがＬＥＤに置き換わろうとしています。人類は長らく焚火《たきび》で明かりや暖をとっていましたが、文明が進むと、油や蝋燭《ろうそく》に、そして短い期間でしたがランプやガス灯の時代もありました。ランプから電灯に変わってゆくさまは、新見南吉の童話『おじいさんのランプ』に描かれています。

音の録音についても、蠟管《ろう》からＳＰレコードへ、ＬＰ盤からＣＤへ、さらにＵＳＢやＳＤカードなどの記憶媒体へと、短期間に目まぐるしく変わりました。新しい製品が出ては消えてゆくこうした変化が、社会のあらゆるところで起きているのです。

縄文時代は一万年以上、弥生時代は千年あまりとのことですが、私が生きた七十年は、縄文と弥生時代を合わせたよりも大きな変化が起きたのではないかと思えるほどです。年をとったせいか、急速な変化がうれしいとは感じにくくなり、めまいを起こしそうです。

一九九〇年からの三十年間は、ＧＤＰが伸びなかったために「失われた三十年」とも呼ばれています。そうであっても、変化は十分に速すぎると感じました。《発達障害》と呼ばれる子どもが増え始めたのは、この時期からです。もし順調に経済が発展していたらどうなっていたのだろう、と怖くなるほどです。

チャップリンの映画《モダンタイムス》に、生産性を上げるために機械の速度をあげ、最後は人が機械に巻き込まれるというシーンがありますが、それを彷彿とさせます。人間が望んだ変化が、人間を苦しめることになっているように思えてなりません。

生物としての人間が受け容れられる速さや変化には、限度があるのではないでしょうか。《発達障害》と呼ばれる子どもの増加は、社会の速すぎる変化への警鐘のように感じられます。

生物時間と社会時間のギャップ

生きる速さと〝精神健康〟との関連についての記述を見たことがないので、こころもとなく思っていたのですが、本川達雄氏の『生物学的文明論』〔新潮新書、二〇一一年〕に、私の主張と似た言説を見つけて、とてもうれしく思いました。本川氏はナマコを研究している生物学者で、『ゾウの時間・ネズミの時間――サイズの生物学』〔中公新書、一九九二年〕の著者として有名な方です。『生物学的文明論』では、人間と他の動物が違いとして、人間が食料だけでなく石油や原子力からもエネルギーを得ること、を挙げています。エネルギーを使えば使うほど時間は速く進むことになり、「エネルギーを使って時間を生み出している」のだそうです。

現代人は、生命体として身体が消費するエネルギーの四〇倍もの外部エネルギーを使っているそうです。その目的は「時間を速くすること」。世の中が便利になるというのは、生活環境の時間が加速するということです。いまや加速しすぎてしまって、約半数の人が「世間のスピードが速すぎる」と感じているらしいのです。

社会時間が速くなっても、私たちの体は生物のままです。本川氏は「生物時間と社会時間のギャップを抱えつつヒトは幸せを感じながら生きていけるのだろうか」との疑問を呈し、「一昔前なら、快適で便利な生活にあこがれたかもしれないが、物が満ちあふれた現在、便利になることが幸せに直結するのだろうか」と述べています。これ以上、社会が速くなることは、私たちに利益をもたらさないばかりか、苦痛を感じさせるようにすらなっているのです。

変化が激しい環境で子どもは育つのか

子どもが育つためには、安全・安心感を脅かされずに過ごせることが必須です。そのためには、朝、目が覚めたら、昨日と同じ親や家族がいて、変わらない日常が必要なのです。おなじ生活が、明日も、明後日も続くだろうと信頼できることが必要なのです。しかし、変化の速い社会が、これを許しにくくなっているように思えます。

子どもに限らず、人が安心して生きてゆくためには、時が経っても変わらないものがなければならないことを痛感しています。変化は刺激的ですが、安全や安心を脅かすものでもあるのです。私たちの環境は変化が速すぎて、十年後、二十年後にどう過ごしているかさえ、思い描けなくっているのです。

日常が大切ということで、気になっていることがあります。

最近、子育て支援ということで、親子対象の音楽会やリズム遊びなど、多彩なイベントが催されるようになりました。そうしたイベントに参加することが、育児に熱心であるかのような風潮が生まれているような気がします。子育て支援センターのイベントだけを、つまみ食いするように何ヵ所も渡り歩く親子もいると聞きます。

子どもは賑やかなイベントを好むように思われますが、親子で過ごす「静かな時間」も大好きなのです。現代の子育ては、変化の激しい社会にあって何気ない日常を確保することが重要になっていると思えます。

カウンセリングは
ゆっくり生きる知恵

二〇〇七年の人間性心理学会賞の受賞講演で「カウンセリングはゆっくり生きることを援助する機能を内包しているのではないか」と述べました。これは、カウンセラー自身も気づいていないことが多いのではないでしょうか。加えて、カウンセラーが忙しいと、この機能は発揮されないのです。

不登校の相談では、学校に行けるようになることや、外に出られるようになることを、目標とはしません。まずは、焦る気持を抑えて、立ち止まってゆっくり来し方・行く末に思いを巡らせることを手伝います。これは、臨床的な経験則ですが、それ以上に、カウンセリングには「ゆっくり生きることを是《よし》とする」哲学的な性質が内包されているのではないかと考えたのです。

ゆっくりしか生きられない人は、現代社会では不適応とされがちですが、カウンセリングは、速く走れるようにするのではなく、自信を持ってゆっくり生きられるように援助します。

こうした援助を通して、私たちカウンセラーは、「社会全体のスピードを緩める」可能性を模索しているように思えてきたのです。

大石　カウンセリングを訪れるクライエントは、「目の前の問題を解決する」ための答えを専門家に求めておられます。カウンセラーもつい、その答えを探そうとします。

ですが本当に大事なことは、問題の解決を急ぐのではなく、その問題がその人に何を伝えようとしているのかをできるだけ多面的に検討し、その理解のうえで「自分はどうしたいのか」を考えることではないでしょうか。

私たちは便利さと快適さを、そして科学は効果や効率化を、目指して突き進んできました。ところが人間関係や、悩みは、便利さや効率化とはおよそ馴染まない事象です。カウンセリングは、その時間がクライエントにとって、人生を振り返り「自分はどう在りたいのか」を立ち止まって考える時間になることが重要でしょう。そのためにカウンセラーが居ることが、求められているように思います。

小柳 私は、学生相談を「立ちどまる空間・自分とつきあう時間」と定義しています。大学はもともと、社会のなかでそうした機能をもつ場所だったのですが、効率化や効果を求める風潮が強くなり、大学も学生相談も、この性質を維持するのが難しいと感じるようになりました。

情報が爆発的に拡大している

生きる速度が速くなったことに加えて、情報が増えていることに触れたいと思います。モノが溢れていることは目に見えるのでわかりやすいのですが、それ以上に（目に見えず）増えているのが、情報なのです。

一九八〇年代頃から「情報化社会」と、九〇年頃からは「高度情報化社会」と言われるようになりました。ところが、図2に示すように情報量としては0に張り付いています。二〇〇〇年頃から突然ほぼ直線的に増え始めて、二〇二五年度にはこのグラフで四メートルにも

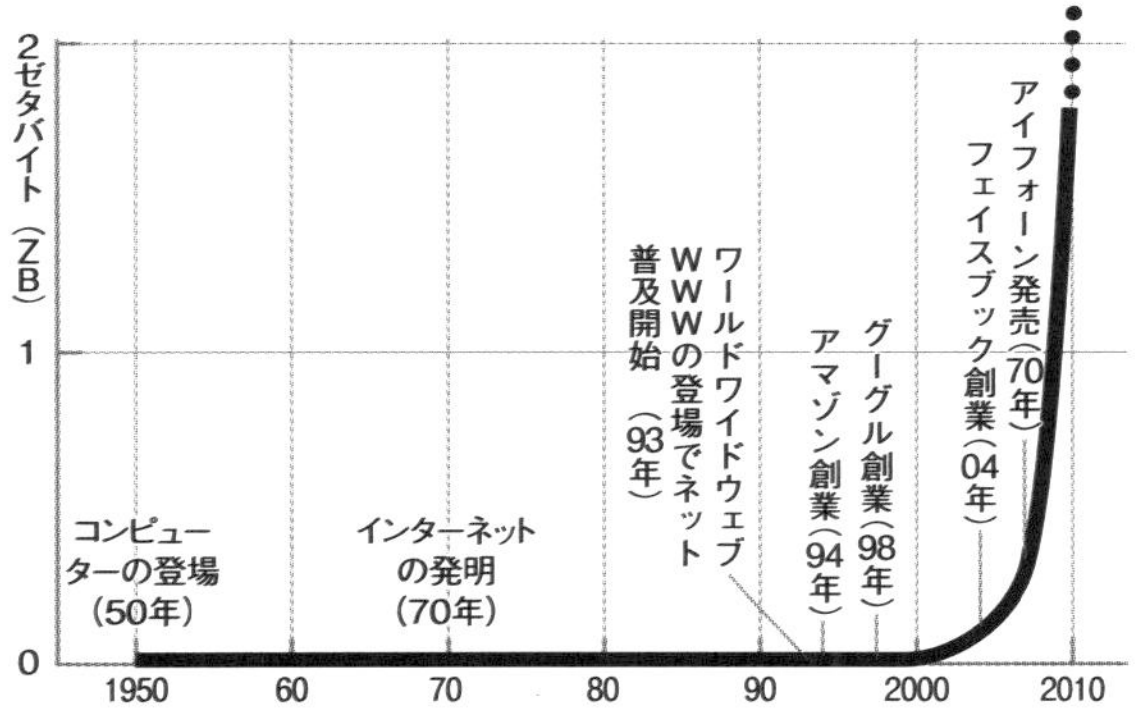

図2　21世紀に入って急増し始めた情報量

：作成・取得複写された情報量の統計。有線／無線のネットなどを通じ、人間やセンサーなど機械類が生み出したすべてのデータを含む
〔読売新聞2012年5月19日 ―― 米調査会社IDCとホライズンによる推計〕

なるのです。地球温暖化どころではないこれまでの人類が経験したことのない未曽有の現象が起きているのです。

「情報化」社会の到来は、十数年前、テレビがアナログからデジタルに変わったときに多チャンネル化したことが象徴的ですが、インターネットやスマホの普及で電子情報が、パソコンとコピーで文字情報も、爆発しています。

二十一世紀に入ってからの加速はすさまじく、情報ビッグバンの様相を呈しています。竜巻に巻き込まれているような感覚もあります。身近なところでは、最近テレビで見逃がした番組を一週間、視聴できるようになりました。

いずれは、過去の番組すべてがいつでも視聴できるようになるでしょう。

高い圧力で濁流のように流入する情報に、こころの部屋や収納スペースが占領され、生活に支障をきたすようになりました。それを私たちはすでにモノで経験しています。家の中に入り込んでくる大量の品物をどう片づけるかが生活の大きな問題になり、社会的には廃棄物処理が問題になっています。同じことが情報の分野で（さらなる規模で）起きているのです。

テレビコマーシャルで分かるように、大量の情報のほとんどが自分に関係のないノイズです。刺激の強い大量のノイズが、心身に良い影響を及ぼすはずがありません。こころを片づけようにも、私たちは足早に生きているために、その時間が確保できず、〝こころの居間〟は散らかり放題。〝こころの押し入れ〟も満杯になって、誰しも、かろうじてバランスを保っている状況ではないでしょうか。

情報が増えることが発展であり成長であると考えられてきたために、情報がストレスの元凶とは気づかれにくかったのです。いくら魅力的な情報が増えても、そこにアクセスする時間がないし、たとえアクセスできても、消化する能力をはるかに超えているのです。気力・体力が充実しているときにはまだしも、不調なときには、地獄の苦しみの源にすらなる経験は無いでしょうか。

地球温暖化と同じ根をもつ？

私たちは、時間を速くするために石油、石炭など化石燃料を大量に消費しているのですが、排出された二酸化炭素によって地球温暖化による気候変動の危機にさらされています。その対策として、太陽光や風力発電など再生可能エネルギーを増やそうとして、大規模な太陽光発電施設や巨大な風車を立てています。

しかし、消費エネルギー自体を減らそうという動きは出てきません。消費エネルギーが増えると、私たちの生きる速さはますます速くなるのです。生きる速さを落とすには消費エネルギーを減らすしかありません。これは地球温暖化の解決に大きく寄与するものです。

発達障害を考えているうちに、地球温暖化と根っこでつながっていると考えるようになりました。二つの問題は、ともにここ五十年ぐらいに生じてきたことや生きる速さを遅くすることで解決することも共通しています。

発達障害は子どもと丁寧に付きあうことで改善する可能性がありますが、そのためには大人が生きる速さを落とすことが求められます。発達障害の解決に取り組むことは、人類が生きる速さを落とすことを実現するチャンスに思えてきます。しかし、生きる速さをさらに早めようとする社会の動きとの間で激しいせめぎあいが生じて、苦しみを味わうことになるのです。

対論8

情報に曝《さら》される

――生きる速さだけでなく

情報機器の進化による影響

小柳 発達障害的な子どもが増えている時代・社会面での要因として、テレビやビデオなど情報機器の影響が大きいことが挙げられる、と私は考えています。

いまの若い人たちは、テレビやラジオがある生活が当然なのでしょうが、日本でラジオが普及したのは九〇年前、テレビは七〇年前なのです。我が家にテレビが登場したのは、私が小学校五年のときでした。このように、人類が電気的な情報機器と付き合い始めたのは、歴史的に見ればごく最近のことなのです。

最近では、テレビやビデオだけでなく、スマホ、パソコン、タブレット、ゲーム機などが加わり、乳幼児期から使わせることも珍しくなくなりました。車でグズる子どもにビデオやDVDを見せることもごく普通になりました。

十五年前、娘が里帰り出産をしたときのことです。孫が起きているあいだはテレビをつけないように気をつけたのですが、洗濯が終われば「ピーピー」と電子音で知らせてくれます。

同じことが炊飯器やお風呂でも起きます。ドアホンや電話機など普段は意識していないのですが、家の中が電子音だらけなのに驚きました。

先に述べましたが〔本書四一頁〕、一九七二年に初めて会った自閉症の子は、『タケダ・タケダ・タケダ』『ヤン坊、マー坊、天気予報』と独り言を繰り返しながら走り回っていましたが、かれらは機械にさらわれたのではなかったか、と考えるようになりました。

また、このような場面に出くわしたことがあります。ある保育園でとても知的な顔だちの子どもが、机に向かって熱心に絵を描いていました。それはワーナーブラザーズのマークと、アルファベット様の文字でした。生まれ立ちから英語教材のビデオを見せていたとのことでしたが、そのタイトル画面が先のマークだったのでしょう。その子は五歳でしたが、言葉はまったく話せず、人と関わることができませんでした。

機械にさらわれる子ども

「テレビに子守をさせないで」ということは、すでに多くの人が指摘しているところです。日本小児科学会は二〇〇四年に、一歳半健診対象のアンケート調査結果から、乳児期の長時間視聴によって言葉の出現が遅くなると、テレビの弊害を指摘しています。

乳児期に機械の音や映像に大量にさらされると、本来、人の声が入る#こころの場所#が機械に占領されてしまうのではないか、と考えられます。私はこれを「機械にさらわれた子ども」「機械に育てられた子ども」と呼んでいます。親とのこころの結びつきが弱く、寂しい思いをしていたり、守られていない子どもがさらわれやすいだろうことは、想像に難くありません。

ちなみに機械にさらわれる子は、圧倒的に男子が多いようです。私は、男の子のほうが「甘え下手、抱かれ下手」だからではないか？　機械的なものへの関心に男女差があるのではないか？と考えていますが。機械に育てられた子どもは、機械が仲間であり、本来仲間である人間を怖く感じ、さらには敵とすら感じて、人との関わりが困難になるのです。

人さらいが家の中にいる

かつてテレビは一四インチ〔画面の対角線寸法が三六cm〕で白黒でした。それでもさらわれる子がいたのですが、いまではカラーになり画面の大きさも六〇インチ〔対角線一五二cm〕や、一〇〇インチ〔二五四cm〕にまで広がっています。その脅威はいかばかりかと怖くなります。

ここ十年ほどで、スマホが急速に普及しました。「泣いたときに見せると、子どもが泣きやむ」というアプリがあるそうです、一歳半ぐらいで上手にスマホを操作する子もいて、乳幼児期に情報機器に曝《さら》されるによって、人とのコミュニケーションがいっそう妨げられることが危惧されます。

いまでも『アレクサ！』と言葉をかけると応答したり電灯つけたりしてくれる情報機器が、家庭内に出現しています。この先、生成ＡＩなどの人工知能を組み込んだロボットが子どもをあやす、という事態も起きてくるのではないでしょうか。生身の人間の声でない自動音声による応答が、発達上どのような影響を及ぼすのか……とても気がかりです。

子どもの頃、「夕方遅くまで外で遊んでいると、人さらいが来るよ」と脅されたものです。本当はいないと思っていましたが怖くなって帰ったものです。いまでは人さらいで脅されることはなくなりましたが、現実に家の中にいるようになったのです。

少なくとも一歳までは、授乳や子どもと関わるときはスマホを使わない、家事をするとき、つけっぱなしのテレビの前に子どもを寝かさない、などの配慮が求められます。

おぶいひもを使わなくなった

昔の母親は専業主婦が多かったとはいっても、決して閑《ひま》だったわけではありません。洗濯は、たらいで何時間もかかっていたのです。その間、子どもの世話ができないので、洗濯や食事の準備、買い物のときは、おぶいひも（負ぶい紐）で子どもを背負っていました。

五十年ほど前から、おぶいひもは急速に使われなくなりました。見た目がに「恰好がわるいから」という理由からでしょうか。その代わり、前抱きの抱っこひもに取って代わられました。抱っこひもでは、買い物はできますが台所仕事はできません。夕食の準備のときはバウンサーに座らせて、テレビの子ども番組を見せて大人しくさせることになるのでしょう。

幼い頃なので記憶は定かではありませんが、私自身、相当長い時間、おぶいひもで過ごしたのだと思います。拘束されて不愉快だったという記憶はありません。母親の背中越しで包丁のトントンとなる音を聞きながら、まどろむ時間は至福だったように思います。母親と身体がぴったりと密着しており、ほんのり暖かくて安全で安心な時間だったのです。おぶいひもを使わなくなったことで、身体接触の時間が大幅に減ったのではないでしょうか。

ノスタルジックな夢物語かもしれませんが、いまのお母さんに歓迎されるファッショナブルなおぶいひもが開発されて、家事のときに活用されれば、機械にさらわれる子が大幅に減るのではないかと考えているのですが……。

大石　情報機器が子育てに大きな影響を及ぼしていることは、以前から気になっていました。そして、スマホを見ながらの授乳についても注意を喚起してきました。また、過剰な情報を前に母親の脳が消化不良を起こして、赤ちゃんと一緒に居るときの反応にタイムラグが生じることも強調してきました。

小柳さんも、機械の音や映像が子どもに直接的な影響を与えることに関心を持たれてきました。乳児期の情報機器との過剰な接触のことを「機械にさらわれる」や「人さらいが家の中にいるようになった」と捉えておられますが、これらの言葉は、いま私たちの家庭で起きていることを、わかりやすく的確に表していると思います。

対論9

原初的な受信機能

——情報の影響だけでなく

原初的能力がはたらきにくく？

小柳　大人と子どもの生きる速さが違ってきたことや、テレビやスマホなどの情報機器が増えていることは、どの家庭にも共通しています。
それにもかかわらず《発達障害》と呼ばれる子どもと、ならない子どもがいます。その違い、《愛着形成不全》が発現するかどうかに関して、私は、母子間で〝濃密な情緒のやりとり〟をする機能がうまくはたらくかどうか、が鍵になると考えています。

二十年ほど前、ある支援施設を見学に行ったときのことです。母子が一緒に帰る姿を見かけたのですが、子どもは母親の方に体を傾けて「手をつないでほしい」「体に触れたい」というサインを出していました。母親はこれにまったく気づかず、手を出すこともなければ肩に手をそえることもなく、さっさと歩いて行ったのです。母親は決して感性が鈍い印象を受ける人ではありませんでした。むしろ知的で賢そうに見える方でした。

これは一例であって、子どもの出すサインを親がうまく受け取れない場面を数多く見ることから、最近、こうした親が増えているのではないかと感じています。子どものサインがうまく受け取れないのは、私たちが自然から距離を置く生活になったために、人間がもともと持っていた原初的な能力（いわゆる「直感」）が弱くなったのかもしれない、と考えるようになりました。

表情やしぐさから子どもの求めているものを察知する能力は、もともと人に具わった原初的感性によるものです。その感性（直感）は身体的な感覚を基盤にしていますが、人工的な空間でからだを使わないで暮らしているために〝からだの声〟が聞こえにくくなっている、ということがその要因と考えられます。

親は、表情や泣き方から子どもが求めていることを察知するのですが、自分の〝からだの声〟が聞こえにくい人は、子どもの〝からだの声〟がうまく理解できず情緒のやりとりがズレることは、容易に想像されます。「原初的な感性」を、知的な情報が肩代わりするのは難しいのです。頭で（情報として）わかっても、変化にはつながりにくいのです。これが《発達障害》の援助が難しい理由なのです。

自然から離れた生活で

動物園で育てられて野性の生活を経験していない動物は、子どもをうまく育てられなかったり育児放棄したりすることがある、と聞いたことがあります。外敵に襲われる危険や今日食べる食料の心配がないという点では、私たちの生活は、自然から離れた動物園と似ているのかもしれません。

成田奈緒子氏〔本書五八頁〕は、「子育ては、立派な原始人にする」ことと述べています。生物として生きるための原初的な能力をしっかり育てるという意味だと思います。子どもは自然を内包して生まれてきます。子どもの発するメッセージを正確に受け取り、それに応えていけば、子どもは「原始人」として育つのです。

しかし、親自身が原始人としての能力を十分に持っていなければ、子どもを原始人に育てられないのです。現代社会では、親子ともども自然から遊離しがちな生活環境にあって、それを難しくしているのです。私はこれが、《発達障害》と呼ばれる子どもが増える大きな理由だと考えています。

一九四三年にアメリカで自閉症が報告されてから八十年を経て、三世代目、四世代目に入り、「自然から離れる」傾向がいっそう強まり、《発達障害》と呼ばれる子どもの鼠算式の増加につながっていると考えています。

この先、メタバースと呼ばれるコンピューターの仮想空間や生成ＡＩが、ロボットなどのかたちで生活のなかに入ってきます。ますます自然から離れた生活になり、「人間の機械化」とでも言えるような現象が進行して、〝原初的な受信能力〟がいっそう弱くなるのではと危惧しています。

親も時代と社会の波のなかで

いまから四十年以上も前の本ですが、久徳重盛氏の『母原病――母親が原因でふえる子どもの異常』〔サンマーク文庫、一九七九年〕について触れたいと思います。

久徳氏は、ぜんそく、アトピー性皮膚炎、過食・拒食、登校拒否の診療経験から、これらの病気が増えたのは「子どもの育つ環境が自然さをなくしてしまったことや、母親の育児感覚が狂ってしまった〔引用ママ〕ことで、子どもの心身のたくましさが失われたために生じた、文明病だ」としています。子育てが下手になったのは、親が子どものメッセージを的確に受け取る力が弱くなってきたため、とのことです。子どもを負ぶわなくなった影響にも言及していました。

「昔の母親は賢かったが、今の母親は子育てが下手になった」という反感を買うような表現が使われたり、三歳までは家庭で母親が育児をと主張したりしたので、母親を子育てに縛り付けるものだと激しく批判されました。丁寧に読むと、経済成長による社会の変化が影響を及ぼし、母親はその犠牲者でもあるとしているのですが……。

この本を私は同時代では読んでいませんでしたが、最近あらためて読んで、当時（一九七〇年代）母子関係にただならぬ変化が起こっていることを見抜いているという点においては、再評価されてよい一面もあるかもしれません。

《発達障害》が顕在化したのは二〇〇〇年に入ってからですが、久徳氏は「育児崩壊」が始まったのは高度経済成長が始まった一九五五年頃からとしています。「世代を重ねて二〇〇〇年には、どう育ててよいかわからない親が増える」と危惧していました。現在の「発達障害」と呼ばれる子どもたちの増加」を予見していたとも言えます。

同様の文脈で、子どもの言語障害臨床のパイオニアである田口恒夫氏も『子どもの心と言葉を育てる本――安心感のタンクをいっぱいに満たす子育て』〔二見書房、二〇〇〇年〕で、言葉をコミュニケーションの道具に使えないなど、子どもに問題が増えたのは、戦後、都市化・工業化を推進してきた産業社会、大人が生活を豊かにするために必死に働いてきたことに起因するとしています。

二〇〇二年の著書『今、赤ちゃんが危ない――母子密着育児の崩壊』〔近代文芸社新書、二〇〇二年〕では、子どもが安心を感じられる母子密着育児の崩壊に警鐘を鳴らしています。タイトルからも、子育ての世界で起こっていることはただならぬひっ迫した事態である、との危機感が伝わってきます。

子育ての技術化、知性化そして教育化

拙著『大人が立ちどまらなければ』〔NHK生活人新書、二〇〇五年〕で私は、感性がうまく機能しない子育てを、子育ての技術化・知性化・教育化という言葉で表現しています。これらは、〝原初的な感性〟（直感）がはたらかなくなったことを補うために出てきたのでしょう。

子育てのマニュアル化、いま流行はやりの言葉では「トリセツ化」といえるかもしれません。本来、機械に使われる取扱説明書という言葉が、人間関係にも使われれるようになってきた、そのことも社会の変化を象徴的に表しているように思われます。

子育ての〈技術化〉とは、「発達年齢に応じて正しい関わり方や技術があり、これに従わなければうまく育てられない」という考え方です。こうした「技術」的な考えは現在では広く共有されており、ワインの選び方から、健康など、生活のあらゆることに正しい方法があり「その道の専門家」が知っているというものです。

子育ての〈知性化〉とは、漫然と子育てしてはだめであって、常に「正しい基準に合致し

ているか？」と達成度を評価しなければならず、言動はこれらを満たす目的をもって、意図的でなければならないという考え方です。

子育ての〈教育化〉とは、子育てに必要な知識や技術は、学ばなければ手に入れることができないという考えで、〈学習化〉と呼んでもいいものです。「自分の感覚や判断に従って自己流でやると、とんでもない結果になりかねない」というものです。

こうした発想は、どこかおかしいのです。夫婦関係に技術化・知性化・教育化が導入された場合を想像してみました。恋愛中のつきあい方や新婚の時期をどう過ごすかを、講座に参加して知識や技術をあらかじめ習得し、試験に合格した人でなければ良好な夫婦関係はつくれないという説には、簡単には納得できないでしょう。講義や書籍でたくさんの知識を蓄えても、結婚生活がうまくはいかないことは、容易に想像されるでしょう。

なぜ、事前の勉強が役に立たないかというと、子育てや結婚生活は、人が生きてゆくことと同じように、関与する要因があまりに多く、そのほとんどが人為的にコントロールできないからです。事前に知識や技術があれば失敗しないという考え方は、内外の環境を自分の都合のいいようにコントロールできることを前提にしているのです。

教育学や心理学などの知見はごく限られたものであり、多様な出来事に対応しなければならない子育てをカバーしきれるものではないのです。子育てに「これさえ守れば絶対に間違いない」という定式は無いし、正しい知識をもつ専門家や学者はどこにもいません。長年、教員をやっていようが、幼児教育やその研究に携わっていようが、わが子に関しては、うろたえる一人の親でしかないのです。

人間も動物であり、他の生き物がそうであるように、子育てに必要な資質はあらかじめ本能的に組み込まれていると考えられます。いま流行りの言葉でいうと「遺伝子に組み込まれている」のです。しかし人間は、生きるうえで必要なさまざまの資質を、技術化・知性化・教育化によって継承発展することで文明を手に入れたために、身体に組み込まれている〝本能的な感性〟がはたらきにくくなっているのです。

「人間は、本能が壊れた生物である」と言われていますが、それでも、もともと組み込まれている〝動物としての知恵〟があります。それぞれの文化で育まれた経験則や、個人的に見いだした工夫や知恵は、蓄積されています。私たちはこれらを土台に（自分の内的な感覚と判断力を頼りに）、これからの時代の子育てに必要な関わり方を、手探りで紡ぎだしていかなければならないのです。

不安になれば誰しも、正しい考えが欲しくなるものです。それに呼応するかのように世の中には「こうすれば間違いない」と主張する本や情報があふれています。あらゆることがコントロールできるという考えは、現代社会でもっとも根強くはびこっている観念です。しかし、子育てでもっとも頼りにしなければいけないのは「目の前にいる子どもの表情や言葉」であり、〝みずからの内なる感性〟なのです。

子どもとの響き合いを難しくする

合　先ほど小柳さんから、情報量の変化のグラフを示していただきましたが、あらためて増加のすさまじさには驚かされました。

子育ては生きた子どもを前にして、響きあう〝応答〟というかたちで関わりを生み出していかなければなりません。ところが、「情報」を消化できないまま頭でっかちになった親は、子どもの〝いま－ここ〟に向き合う感性を麻痺させています。そうして、生き物を対象とする関わりは今この瞬間が問われるものの、たくさんの知識で頭でっかちになった親の応答には「タイムラグ」が生じてしまうのではないでしょうか。

　日常生活で手放せなくなったスマホも、タイムラグを助長します。スマホを見ながら授乳する姿が、いまでは当たり前となりました。赤ちゃんは「母親の関心が自分に注がれていない」ことに強いストレスを感じているものと想像されます。これは子どもに直接的なダメージをもたらすでしょう。

　タイミングが噛み合わない関わりは、子どもを不安にします。自己肯定感のベースである「自分はここに生きている――生きていても大丈夫」という実感は、ありのままの自分と響きあう人との関係のなかで育まれます。これは理屈でなく感覚的な体験です。この安心感は関係のなかでしか得られないものです。

　響き合えない不安は、親子のあいだで循環します。母親が子どもの〝いま－この瞬間のこころ〟と響き合った応答ができない状態だと、子どもはそれを感じて不安になります。その不安から、（親や大人からすれば）問題となる行動をとるようになります。それを見て親や大人は、ますます不安になるのです。

いま、子どもとの即応の響き合いが難しくなった結果、子どもたちはその不安をさまざまなかたちで表現します。《発達障害》の特性と呼ばれるものは、いちばん身近に居る大切な大人と自分の波長が噛み合わないことから生じた、子どもの不安、ストレス、欲求不満などSOSのサインと考えられないでしょうか。

小柳　私は、関わりのタイムラグについては「生きる速さの違い」に着目してきました。加えて、考える育児では、感性による反応に比べると遅れが生じると思います。ましてや、たくさんの情報を処理しなければならないとなると、即時の対応は難しくなりますね。

いま、大石さんが述べられた「自己肯定感は、ありのままの自分と響き合う人との関係のなかで育まれる。これは理屈でなく感覚的な体験であり、安心感は関係のなかでしか得られない。発達障害の特性と呼ばれるものは、いちばん身近に居る大切な大人と自分の波長が噛み合わないことから生じている、子どもの不安などSOSのサイン」という表現は、素晴らしいですね。私が伝えたかったこととも重なります。また、カウンセリングという援助にも共通していると感じました。

先にも述べたように現代社会では、親子の「即時的で感覚的な関わりや、響きあい」を妨げる要因が多くなっているということなのでしょうね。情報の氾濫や、原初的な感性がはたらきにくくなっていること、などです。ここで語られていることは、《発達障害》を脳の障害でなく関係障害とする重要な根拠となるもので、対象関係論や小林隆児氏の見解とも共通するものですね。

不安の解決を
ラベリングに求める

大石 親は子育てに対する不安を「情報」によって埋めようとしますが、その情報が多すぎて、消化不良の状態に陥り、これを解消しようとして《発達障害》というラベリングに救いを求めるのです。この状況は、パソコンでメールやインターネット情報を日常的に使うようになった二〇〇〇年前後から広がり、一人ひとりがスマホを持つようになって加速しています。

不安から、医療機関を受診して「発達検査を受けさせたい」と思う保護者が増大します。いったん《発達障害》とラベリングされてしまうと、その子は、大人たちから与えられた、発達障害という枠組のなかで生きてゆくことになるのです。

ラベリングには、自分の「生きづらさ」についての理解と納得を得られるという良さもありますが、言葉が持つ力はそれだけではありません。ラベリングしたりされたりすることの最も大きな弊害は、自分のことを発達障害、つまり「先天的な脳の機能障害」だと思い込むことです。

人間関係や社会での適応の面での「困難」の原因を発達特性に帰属させて納得させて、それ以外の原因を探ったり、その状況をうまくかわしたり乗り越えていったりする可能性を、みずから閉ざしてしまうという問題があります。

近年、ＨＳＣ（人一倍敏感な子ども *Highly Sensitive Child*）という概念が浸透していますが、この概念も、同じ機能を果たす可能性があります。周囲から「繊細で配慮が必要な子」としてラベリングされることは、「自分はＨＳＣだから仕方ない」とか「周囲が理解してくれないとやっていけない」、さらには「理解してくれない学校や職場が悪い」という在り方につながり、他責的・被害的な状態に留まる親と子を作り出す可能性もあるのです。

ラベリングされた子は、「自分は聴覚過敏がある」や「急な予定変更をされるとパニックになる」など発達特性に符号する自己限定枠を持つことで、自分の可能性を閉ざしてしまい、新しい経験に向けてチャレンジするチャンスを逃してしまうことにもなりかねません。

対論10

気持を分かちあえない

——受信機能だけでなく

愛着形成不全の最大の不都合

小柳 《愛着形成不全》の状況では、「言葉の遅れ」や「人とうまくコミュニケーションできない」「その場に相応しい行動がとれない」など不都合はたくさん出てきますが、なかでも根源的な問題は、「人と気持が分かちあえない」点だと私は考えています。

発達障害の夫をもつ妻が夫とのコミュニケーションに苦しむことは、〈カサンドラ症候群〉と呼ばれています。「言葉が通じない」、「気持がわかってもらえない」と訴えるものです。夫婦関係はバトン・リレーみたいなもので、阿吽《あうん》の呼吸で適切に位置どりして息をあわせて営まれるものです。情緒が分かちあえず、しょっちゅうバトンを受け取り損ねられていたら、とても腹が立つし、我慢をすればストレスが溜まります。

生後すぐからの情緒のやりとり

人は、気持を分かちあう力を、いつ、どうやって獲得するのでしょうか？

赤ん坊は一〇ヵ月間、穏やかな子宮で過ごし、誕生の瞬間、未知の世界に出て来ます。それはそれは、心細いと思います。そんなときに、柔らかい手で抱きあげられ、温かい胸に包まれます。お腹がすけば、おっぱいが出てきます。

それから目が見えるようになるまでの一ヵ月間、母親（養育者）と肌を通して「安全」感や「安心」感を確認し、不安を解消しているのだと思います。肌を通して気持を分かちあっているのではないでしょうか。

目が見えるようになると、これに眼差が加わります。授乳の様子を見ていると、怖くなるほどまんじりともせず、養育者（母親）の目を見ながらお乳を飲んでいます。眼差を介して頻回に安全感や安心感を分かちあっているのだと思います。

一歳を過ぎる頃から言葉が出始めます。肌や眼差に加えて言葉でも、気持を分かちあうことできるようになるわけです。ただ、そこまでに肌や眼差を通して身についた力がなければ、言葉は出ても、うまく気持を分かちあうことはできないかもしれません。

ともに眺める という視点から

大日　北山修氏は、人間関係で「いま－ここで」感じていることを他者と共有する体験、つまり、他者と同じものを〝ともに眺める〟体験の重要性を指摘します。ともに眺める体験は子どもにとって、自分以外の他者と情緒を共有する（わかりあう）基盤を作ってくれます。

これによって子どもは人とつながっていることを体感し、安心感を得ます。この体験は、人と居ながら自分自身でいることができる力ともつながっており、思春期以降の「仲間」関係を乗り切っていくときに重要なものになります。

発達障害の特性と呼ばれるさまざまな状態の根底にあるのは「かまってほしい」欲求だと、私は考えています。ともに眺める体験の不足が、「かまってほしい」子どもたちを大量に生み出しているのではないでしょうか。このことからも発達障害は、先天的な機能の問題ではなく、愛着に関わる問題だと考えられます。

小柳　私は「気持を分かちあう力」が育つことについて、肌の触れ合いや、授乳時の見つめあう体験を強調してきましたが、北山修氏の「他者と同じものをともに眺める体験」の重要性を加えていただき、ありがとうございます。おもしろいことに、ともに眺めているとき、子どもが母親（養育者）とチラっと視線を交わして、「見てる？」と確認する瞬間があります。この仕草は、とてもかわいいものです。

身体接触をいやがる

発達障害と呼ばれる子どもは、人に触られるのをいやがったり、自分から身体接触を求めなかったり、という特徴があります。抱いても体をのけぞらせます。「抱かれ下手」なのです。これは「視線が合わないこと」とともに特徴としてとりあげられることが多いですが、なぜ身体接触をいやがるのか？　に踏み込んだ論考は少ないように思います。

子どもにとっては母親に縋りついて泣くことが、もっとも適切な「不安」解消法でしょう。母親に抱かれることで不安を汲み取ってもらい、心地よさを味わうことでこころを鎮めるのです。身体接触は乳幼児期には根源的な安全・安心を確保する手段であり、快楽の源泉だと思われます。それなのに発達障害の子がそれをいやがるのは、不思議なことです。

母乳は、母親の体調や気分によって、子どもにとっておいしいときとそうでないときがある、と聞いたことがあります。抱き方も同じように、子どもが安心したり快適に感じる抱き方があるのでは？　と私は考えるようになりました。身体接触をいやがるのは、抱かれる心地良さをあまり経験していないのではないか？と推測されるわけです。これまで「子どもは抱けば安心する」と考えていて、質の違いには十分に着目していませんでした。

確かに最近、あまり抱き方がうまくないように見える、お母さん（養育者）と出会うことがあります。まるで荷物を持つかのようなのです。子どもはうまく抱くと、柔らかいお餅のように肌と肌がぴったりくっつきます。この抱き方だとあまり重さを感じないのですが、荷物のように抱くと、とても重く感じるのです。

最近、気になっていることがあります。子どもがぐずると、揺すってあやしますが、いまの親（養育者）は総じて、揺らし方が速くなっているように感じます。また、子どもを膝に乗せるとき、自分と向き合うように抱くのではなく、同じ方向を向かせて抱くことも、よく見られます。同じ方向だと、身体が触れている面積は限られます。三歳ぐらいになれば同じ方向に向くことも多くなるのでしょうが、ごく小さいときからそうしているのです。

私たちが相談にのるのは一歳半を過ぎた頃に「言葉が遅いのではないか」という段階が多いのですが、身体を通しての情緒のやりとりのズレは、思っているより早期から起きているかもしれません。そして、ズレが早い時期であるほど、ダメージも大きいと想像されます。

視線が合わない

授乳のとき、子どもはまんじりともせずに親（養育者）の目を見つめます。そのとき何十回、何百回とまなざしが交わされ、「この人といると安心だ、うれしい」という喜びを親とのあいだで分かちあっているのです。この濃密なやりとりがあって初めて、子どものこころが育つのではないでしょうか。

哺乳の時間というのは、単なる栄養補給でなく、「眼差を介した濃密な情緒の交流」という大きな意味をもつ時間なのです。こころの発達に重要な役割を果たしていると思われるのですが、先ほど大石さんも触れていたように、栄養補給とだけ考えると、スマホやテレビを見たりしながら授乳します。瞳を介しての情緒のやりとりを十分に体験していないと、眼差というものが重要な意味をもたなくなり、ひいては視線を合わせなくなる、とは考えられないでしょうか。

これは私見ですが、発達障害と呼ばれる子のなかには、目がとても澄んで美しく見える子がいます。ところが、澄んでいるように見えた目が、じつは「空洞」でなにも見ていないと感じられることがあります。目の部分がくりぬかれた埴輪がありますが、それと似た印象なのです。こころというか魂《たましい》が充分に育っていないことが、目に表れているのでは？と想像します。この点については、さらに探求したいと思っています。

人間の絵が描けない

子どもは一歳半ぐらいから殴り描きをするようになりますが、三歳ぐらいになると「円」が描けるようになり、そこに小さい円が「ふたつ」描かれるようになります。人間の出現です。しばらく経つと、その目としての円に「瞳」とおぼしきものが加わります。

雑に描いているようでも、「瞳」が描かれていることには驚くばかりです。画竜点睛といいますが、瞳が描かれたときに魂たましいが入るのです。これは「わたしは人間の世界で生きていきます。よろしく！」と宣言しているようなものだと、私は考えています。

発達障害と呼ばれる子のなかには、人間が描けない子がいます。車や電車、昆虫、アンパンマンやピカチュウ、機関車トーマスはうまく描けたりするのです。アンパンマンは人と似てはいますが、テレビの登場人物〔?〕であり、生身の人間とはまったく別ものでしょう。

顔が描けても、目や口が無いのっぺらぼうだったりします。目はあっても瞳がないこともあります。それでいて手足は、五本の指まで詳しく描かれていたりするのです。発達障害と呼ばれる子にとって、人は人格がなく「手足だけの道具」のような存在なのかもしれません。

人間が描かれない、目、瞳が描かれないのは、眼差しを介しての情緒のやりとりが充分になされなかったため、とは考えられないでしょうか。人間や顔、目や瞳が描けるようになるかどうかは、こころの発達や母子（親子）関係の変化の指標としても役に立つものです。

大日向　発達障害と呼ばれる子どもたちが、人の絵や顔、目を描けないことは、あまり意識していませんでした。《発達障害》は、子どものこころに何が起こっているのかを考えるうえで重要な手掛かりであるとともに、大人にとっては目に見えるので、保育園などで変化をとらえるのに有用ですね。

笑顔と泣くこと

小柳　発達障害の子は、顔立ちは端正でかわいい子が多いのですが、笑顔や、表情の動きが少なく「能面様」と表現されたりします。私は外に出たとき、子どもの様子を見るのが趣味なのですが、見ている方が微笑みたくなるような笑顔が好きです。ピョンピョンと弾むように歩く姿も好ましいものです。

自然な笑顔や、表情の豊かさは、こころが健やかに育っている重要なサインではないでしょうか。安全感・安心感がこころのなかに定着していないと、笑顔は出ないと思います。笑顔は人を信頼し「警戒しないでいられる」ことを表している、と私は考えています。それは同時に、自分を信頼し自分とうまく付き合えていることでもあるのです。

泣くことも、「ＳＯＳを出せば受けとめともらえる」という周囲への信頼があって初めて、出来ることでしょう。泣くことでストレスを洗い流すことができるのです。発達障害の子は、泣く代わりにキーッと奇声を発したりしますが、ストレスの解消という点では、泣くことには到底及ばないでしょう。

情緒のズレは心理療法の試金石

乳幼児の抱き方や、眼差の段階での情緒のズレなどは、とても微妙なものです。心理臨床家と言えども、このズレを見抜くには相当な力量を要します。しかもこの力は、トレーニングで身につく性質のものではなく、そこには原初的な感性が関与している、と私は考えています。見えない人には見えないのです。

心理臨床では観察が、重要な援助手段のひとつです。微妙な情緒のやりとりのズレが見えるかどうかは、心理臨床家の力量の試金石といえるのではないでしょうか。そして問題は、情緒のズレが見えないと、「先天的な脳の障害」説に引っ張られやすくなることです。

大石　二者関係における情緒のズレは、とてもデリケートな感覚体験なので、知識中心の学習だけでは捉えることが難しい性質のものです。これを「先天的な脳の特性」としてひと括りにするほうが頭では理解しやすいため、心理臨床の専門家のなかにはこの微妙なズレを感じ取れない人が結構いるように、私も感じています。

わかる・自分と分かちあう

小柳　ここまで「分かちあう」ことの大切さについて話しましたが、私は最近、これが「わかる」という感覚と密接に結びついているのではないか、と考え始めています。

ピタゴラスが、お風呂に入っているときに有名な「定理」を思いつき、あまりのうれしさに裸で外に飛び出した、という逸話があります。「わかる」というのは、もやもやとしていたものが明確な形として現れることでしょうが、そこには爆発的なうれしさが伴うものです。養老孟司氏は、著書『ものがわかるということ』〔祥伝社、二〇二三年〕で、頭で知的に「わかる」ことと、腑に落ちるといった感覚を伴う「わかる」は大きく違うと言います。後者には身体が含まれているとしています。私も、知的にわかることは「知る」と表現したほうがはっきりするような気がします。

「わかる」というのは自分と分かちあう体験とも言えそうです。人と気持が分かちあえるとうれしいものですが、わかることを「自分との分かちあい」と考えると、大きな喜びが湧いてくるのは合点がいきます。

発達障害と呼ばれる人は、人とのあいだで気持を分かちあうことが苦手ですが、同様に、自分とのあいだでも同じことが言えないでしょうか。そのために自分と分かちあうことで生じる「わかる」という感覚が起きにくいのではないか、と考えるのです。そのかわりにいろいろなこと「知る」というかたちで手に入れているのではないか、ということです。

「わかる」「わかりあう」「分かちあう」がうまくできないことは、人間関係を妨げるだけでなく、大きな楽しみを味わえないために、人生が味気ないものになるように思います。

大石　《愛着形成不全》の根っこにある問題は、情緒の分かちあいが難しいことにあること、さらに「わかる」ことは自分と分かちあうことでもあるという知見は、とても興味深い発見だと思います。さらに、情緒を分かち合う力が人生のごく初期の乳時期に育つことは、〈対象関係論〉で見出されていることとも一致します。

自分と分かちあうということは、わかる相手である「自分のこころの感覚軸」が育っていないと成り立ちません。そのためには、母親（親、養育者）に自分のこころのなかで起こっていることを受けとめてもらい、こころのなかに置いておけるかたちに「消化」して返してもらう、というやりとりが必要になります。

対論 11

コミュニケーション

——こころがうるおう会話

言葉のやりとりの底流に

小柳　先ほど〈カサンドラ症候群〉について触れました。妻は『夫に言っても、理解してもらえない』と言いますが、夫からは『話は聞いているし、内容を理解し、返事もしている』と反論が返ってきそうです。

「言葉が通じない」「気持が分かってもらえていない」というのは、言葉の底流にあるなにかが通じあっていない、という感覚なのです。言葉は、情報を伝えたり、情緒を確認したり分かちあったりする道具です。荷物を運ぶトラックのようなもので、荷物が正確に届いてこそ意味があるのです。

言葉が「伝わった」と感じるためには、トラックがちゃんと到着することはもちろんですが、そこに荷物として積み込んだ「情緒」や「感情」が共有されることが欠かせません。必要な情報（意味）が伝わるだけでなく、「情緒（気持）を受け取ってもらえた」感覚が必須なのです。

情報的・情緒的コミュニケーション

コミュニケーションには、情報的／情緒的コミュニケーションという二種類がありそうです。情報的コミュニケーションでは、用件が伝われば充分ですが、情緒的コミュニケーションというのは、言葉を介しての気持や情緒のやりとりにこそ意味がある営みです。《愛着形成不全》の人は、「情緒を分かちあう」ことがうまくできない人、と考えてもよいでしょう。他人から「伝わらない」「分かちあえない」と批判されても、そもそも「わかる」（自分と分かちあう）という感覚が弱いので、批判そのものが伝わらないのです。カサンドラ症候群のしんどさは、伝えても伝わらないところにあるのです。

私たちは、言葉が交わされれば、お互いに通じると思っています。しかし、言葉が通じる背景には、目には見えない複雑なプロセスが介在しています。たとえば食事のときに『おいしいね』という言葉が交わされます。そのとき、おいしいという「味覚」と、おいしいものを食べた際の「喜び」や「うれしさ」が共有されて初めて伝わったと感じられるのです。

こうした能力は、先ほども話したように、笑ったら母親（養育者）から笑顔が返ってくる、泣いたら心配そうに世話をしてくれるなど、新生児からの母子（親子）相互間で濃密な情緒的交流が何度も何度もおこなわれることで身につくのです。

つまり、「言葉を介して感情を共有する力は、「感覚を共有できた体験」の膨大な蓄積を基盤にして生まれ育つのです。私は、情動の共有を基盤としたズレの少ない会話を「こころがうるおう会話」（情緒的コミュニケーション）と呼んでいます。

形のないものを見ること

サン・テクジュベリの『星の王子様』のなかに、「本当に大切なものは目に見えないんだ」という一節があります。大切だけれど形がなくて目に見えないという意味では、人の気持はその最たるものでしょう。子どもに授乳したり、むずかる子をあやす親は、おっぱいの吸い方で子どものお腹のすき具合を、泣き方で何を求めているのかを、目には見えないけれどもあたかも見えるかように感じているのでしょう。

しかし世の中には「形がなくて目に見えないものは、どうやっても見えない」人たちがいるらしいと、最近、強く感じるようになりました。先に述べた「原初的な感覚」がはたらきにくい人たちです。こういう人たちにとっては、子育てのなかで子どもの表情から「何を求めているのか」を汲み取るのは難しいことになりそうです。

それでも子育てはしなければならないので、原初的な感覚の代わりになるものに頼らざるを得ません。大石さんは「情報」に頼ると表現していますが、育児書を読んで授乳の時間や回数・量などを調べて、そのとおりにしたりします。この対応は、子どもがその時々に望んでいることに応えているのではないので、求めているものと与えられるものがズレて、子どもはイライラした状態になりやすいと考えられます。このために、夜ゆっくり寝なかったり、落ち着きがなくなったりと、いわゆる「育てにくい」子になります。

子どもが大きくなってくると、「うまく育っている」かどうかを、外から見える基準で判断することになります。たとえば人に会ったときには挨拶ができるなどのしつけであったり、学校に入れば試験の成績、習いごとやスポーツの成果であったりします。

判断の基準が、子どもの様子や気持ではなく、外からの評価や社会の常識と呼ばれる考え方、権威ある人の言説などに頼らざるを得ないからでしょう。それが度を超すと、「しつけと言う名の虐待」と呼べるほど呵責ないものになったりします。

薪ストーブとのコミュニケーション

この章の構想が浮かんだのは、冬の寒い日に薪ストーブの世話をしている時でした。

まず前日の灰を掻き出し、「そだ」で小さい火種を作り、様子を見ながら徐々に太めの薪を入れていきます。暖かくなるまでに小一時間はかかります。火と対話しながらの暖房です。

私の薪ストーブへの思いには、囲炉裏に連なる思い入れがあります。薪ストーブの炎は暖房以上に、静かに自分を振り返る時間になったり、家族のまとまりを作る力さえ持ったりする、と感じています。「こころがうるおう暖房」と言ってもいいでしょう。

部屋には空調設備もついています。スイッチを押せばものの一〇分で暖まり、あとは自動的に暖かさをキープしてくれます。それで生活上の必要は満たされているのですが、そこには対話がなく、「かわいた暖房」という感じがしてならないのです。職場などではこれでよいかもしれませんが、家庭では、重要な何かが失われてしまう気がします。

子育てというものは、空調のように必要を満たすものではなく、手間暇かけて、細やかに対話しながら火を燃やす、薪ストーブの営みと共通しているように思えます。ことに「点け始めが難しくて、慎重でなければならない」ことも、子育てに似ています。

「こころがかわく会話」が増えていると私は感じていますが、それは、私たちの生活が、手っとり早く必要な物や情報や手に入ればいいという方向に変わっていることと絡み合っているように思うのです。夜中でもコンビニエンスストアで食べる物が手に入り、代金はカードで支払うようになってきています。

情緒的コミュニケーションができなくても、社会生活には支障がなくなってきたのかもしれません。しかし子育てだけは別で、人とこころを分かちあう力が育つためには、「こころうるおう会話」がなければならないのです。

「わかる」感覚を基盤にして

カウンセリングが扱うのはほとんどが、目に見えない気持の領域です。形がないものが見えない人にとってはおそらく、カウンセリングで何をやろうとしているのかさえ、理解がむつかしいと思われます。

カウンセリングは、生活でのさまざまな不都合、たとえば「カーッとなって子どもをたたく」「子どもがかわいく思えない」などについて、カウンセラーとクライエントがともに試行錯誤しながら、不都合をもたらす正体を探し、良い知恵や対応策がないか模索する営みです。

このとき頼りになるのは、こころのなかでもやもやしていたものが、だんだん焦点が合ってて「わかる」という感覚です。カウンセリングは、こうしたこころの動きを頼りに進めていくものです。わかるというのは、「もやもやの正体はこれだったのか」という感覚を、喜びや驚きとともに自分と分かちあうことです。

わかるという感覚がはたらかない人にとって、カウンセリングはむつかしいものになります。情緒の共有のない会話は、単なる情報のやりとりになり、言葉は飛び交っても「わかる」ことにはつながりにくいのです。その場の会話は、クライエントの質問に対してカウンセラーが答える一問一答のかたちになりがちです。

クライエントが相談で欲しいのは、手っとり早く解決に役立つ情報であり、「さっさと対応策を教えてほしい」ということなります。その相手が誰であっても構わないのです。相手が人間というよりは、道具としての扱い方なのです。


はかばかしい解決策は見つからないものの、ひとりの人間がこころを砕いて大切な時間を費やしたことには、それだけで価値があることには思い至りません。いま－ここで二人で過ごしている時間が大切だ、という感覚もないのです。こうした会話を「こころがかわく会話」（情報的コミュニケーション）と呼んでいいのではないかと考えています。

こうした人にとっては、「子どもと過ごす日常のとりとめのない出来事や時間こそ、かけがえがないものであり、生きることそのものだ」という感覚を持ちにくいだろうことは、想像に難くありません。

子どもとの関わりも『宿題は済んだの』『片づけなさい』『ご飯を食べなさい』『お風呂に入りなさい』『早く寝なさい』といった情報的コミュニケーションにならざるをえません。子どもの気がかりにこころを痛め苦しさや辛さを分かちあい、何とかならないものかと一緒に知恵を絞りあう、といったことも起きにくいのです。そこには、「分かちあう」ことにまつわる喜びや苦しみがないのです。

トリセツのような情報にのっとって道具的に育てられた子どもは、人との関わりが道具的になりやすく、人間関係で困難をきたすことになります。言葉の奥にある情緒や感覚の共有がうまくできず、人間関係でつまずきやすいのです。さらに、「わかる」という感覚が弱いので、自分は「どうして人とうまくいかないのか」を理解することさえ難しい、という二重の課題を抱えるのです。

不都合の原因も解決策も外にある

「形のない大切なものが目に見えない」人たちは、言葉の遅れ、行動の偏り、友達とのトラブルのなどの不都合に直面したとき、その原因を、外の、形あるものに求めやすい傾向があります。それは、友達からのいじめや、先生の不適切な対応であったりします。親を安心させるものとしては「病気」という説明もあります。脳機能の先天的な障害とする《発達障害》などはその代表のように思えます。

解決策もまた外にあると考えて、それはすでに書物に書いてあり専門家が知っている、と考えます。大切なものが目に見えない人たちは、「わかる」ことは苦手ですが「知る」ことは得意なので、たくさんの本を読んだり、インターネットで情報を検索したり、各種の講座や研修会などに参加し、専門家並みの知識を持っていたりします。

こころがうるおう会話

「形のないものを見るのが苦手な人」とのカウンセリングが目指すのは、こころがかわく会話から、こころがうるおう会話への誘いでしょう。こころがかわく会話をする人は生育過程で、うるおう会話を交わした体験が少なく、「自分の気持が相手にしみこむ」心地よさや、気持を共有できた喜びを、知らないのかもしれません。それどころか、カウンセラーに理解されることは、こころに侵入されたような恐怖を感じられるのかもしれません。

子どもの気持だけでなく自分の気持を取り扱うことも不得手なので、苦しさやしんどさなどを充分に把握できないまま、ごっちゃに混ざり合ったものをまき散らすというかたちでしか表現できないかもしれません。

相談では、こころを汲み取ってもらえたうれしさや、感覚が共有できた喜びの経験になれば……と願って関わります。わかってもらったうれしさを体験することで、「人と気持を分かちあう力」が育つと考えているからです。分かちあう力は知的情報の伝達で身につくものではなく、体験して初めて身につくものだからです。

このような作業は、砂漠に水を撒くのにも似た徒労感を伴うものです。その徒労感に負けて、カウンセラーには「面倒な気持に応えるのではなく、情報のやりとりで済ませたほうが楽なのでは……」という思いが出てくるかもしれません。援助者も、手っ取り早く効果がありそうに見える情報的コミュニケーション、「こころがかわく会話」の誘惑にさらされているのです。カウンセラーも、自分がこころうるおう会話（情緒的コミュニケーション）ができているか、ときどき振り返ってみる必要がありそうです。

この本を読みながら、「こんな役に立たないエッセイではなく、発達障害が治る対応を教えてくれ！」と感じる人がいたら、相当、こころがかわく会話に毒されているのかもしれません。こころがかわく会話での相談は、言葉のやりとりは活発で科学的な装いをまとっているかも知れませんが、それは面接もどきであって、直面しなければならない課題の入口にさえ辿り着けないのです。

オンラインで情緒的会話は？

話は変わりますが、コミュニケーションに関する話のつながりで、オンラインについて触れておきたいと思います。

二〇二〇年からの新型コロナで外出できなくなり、企業や大学などで、オンラインによる会議や講義が急速に普及しました。学会や研修会などもオンラインで開催されることが増えました。

オンラインは、移動しなくてすむという点で便利です。しかし、研修で講師が話している場面はそうでもないのですが、質疑応答など双方向になったとき、うまくやりとりできたと感じたことがありません。対面で人と話したあとで疲れを感じますが、そこには心地よい満足感もあります。かたやオンラインは、疲労感だけが残るような気がします。

テレビのドラマや映画では演者の情緒が充分に伝わってくるので、オンラインでも可能なように思っていましたが、よく考えると、テレビや映画は双方向ではないのです。こちらが勝手に感情移入して、双方向であるように錯覚させられていたのです。

　オンラインでの双方向では「情緒を共有した」感覚が持ちにくいのです。いまのところ、画像の解像度が低いために表情がわかりにくいという面もありますが、これが改善されたとしても、対面と比べて「息づかい」のようななにか大切なものがそぎ落とされる気がします。オンラインの普及は、情報的コミュニケーション、こころかわく会話を好む心性を促進しそうな気がしてなりません。

「オンラインで情緒的会話が可能か、どうか」は、カウンセラーにとっては大きなテーマです。もし可能なら、オンラインでカウンセリングが出来ることになるからです。遠くに住む孫とオンラインで話すことがありますが、沈黙があると間が持たなくなり、落ち着かない気分になります。カウンセリング大切なものとされている「沈黙の時間」が、成り立ちにくくなるのは避けられないのではないでしょうか。

　コロナによる制限が解除されて久しぶりに対面で人と話したとき、あらためてその醍醐味を実感しました。時間に急かされない四方山《よもやま》話や雑談が、こころのバランスを保つ栄養になっていると感じました。この先、医療の世界などではオンライン診療が進むかもしれませんが、カウンセリングでは、実際に会って対面で話をするというスタイルは残っていくのではないかと、私は考えています。

答　全国チェーンの店員がマニュアルを棒読みして接客しているようなときは、こころが入っていないことが客に伝わります。それはロボットと話しているように感じられます。情報の伝達はなされていますが、そこに情緒の交流は起こりません。

あるいは、ＳＮＳの記事に「いいね」を押したら、その情報を受け取りましたというメッセージとして発信者に伝わります。同じ「いいね」でも、ただの情報として受け取った人の「いいね」と自分の体験と重ねて感動して押された「いいね」とは質が異なりますが、その違いは外部にはわかりません。

仮にＳＮＳの記事を読んでコメントし、そのやりとりで「双方が言いたいことをわかりあえた」と感じたとしましょう。その場面のどこで「情緒的コミュニケーション」が発生したかというと、自分の思いが相手に伝わっているわかってもらえていると感じた瞬間から始まっていると考えます。

これはきわめて主観的な体験ですが、情報的コミュニケーションが「情緒的コミュニケーション」に支えられることで、お互いの信頼感が増します。ですから、画面や文字によるやりとりでも「情緒的コミュニケーション」は成立すると、私は考えています。オンラインでも人と人との出会いや情緒的交流が生まれる可能性はゼロではないのです。

オンラインでも、関係が双方向的な性質を帯びており、「言語と非言語が一致している」と感じられたときには、安心感や信頼感が生まれることがあるのではないでしょうか。相手の言葉にならない部分まで汲み取って応答することが、情緒が情報を支えるかたちを作り出し、お互いの理解を深めることになります。

大事なことは対面か画面かではなく、どのようなやりとりが生まれているかということであり、言葉の背後にある気持や感情が共有されているとき、そこには「情緒的コミュニケーション」が生まれていることになります。ただ、SNSは対面とは異なり、あくまでも画面上なので、実際に会うことによってしか補えられない「存在の現実感」がありません。メールなどの文字の場合、その現実感は主に行間や絵文字といった「非言語」情報に支えられています。

コロナ禍になってから何度か、オンラインでカウンセリングをおこなったことがあります。その際、皮膚感覚や嗅覚を通して伝わってくるような生の存在感は対面でしか体験できないものだということは感覚的にはわかるのですが、オンラインで「非言語」情報がどの程度伝わるのかについての確たる見解はまだ持っていません。

小柳 大石さんはオンラインでの画面や文字でも「情緒的コミュニケーション」がある程度は可能だ、という立場をとっておられます。それは、自分の思いが相手に伝わっている、わかってもらえていると感じた瞬間から始まると考えています。

その例として、ＳＮＳで「いいね」に込めた思いが相手に伝わっていると感じることで成り立つ、とお考えですね。しかし、オンライン上の文字や画面で、こうした感覚の確認や分かちあいは可能なのでしょうか？ 相手に「伝わっている」という感覚は、本人の思い込みであって、本当に共有されているとは思えないのです。

大石さんは、実際に会うことによってしか補えられない現実感というものがあり、これは非言語的な情報に支えられているとも述べています。「わかってもらえた」感覚は、空気とでもいえるような、非言語で確認しあう性質のものであり、画面や文字が非言語的情報を伝えることができるかどうか、私には疑問なのです。情緒が瞬時に響き合うような関係や、皮膚感覚で伝わるような微妙な雰囲気のやりとりは、オンラインで可能なのでしょうか……。

直接会った体験で感じたこと

この対論は半年以上にわたってメールで交わされたのですが、最終段階で大石さんに、私の住む高松に来ていただき、三十年ぶりに直接話し合う機会を得ました。会う目的は原稿のチェックだったのですが、お互いの近況や共通の知人の消息など、関係ない話題にも多くの時間が使われました。そうした雑談も含めて、この場で起きたのは〝感覚の確認〟という作業でした。

原稿や、共通の知人の話題を介して、「共同注視」の作業をしている感じでした。そこで感じた感覚を、お互いに確認したり分かちあったりしたのです。お互いの感覚に大きなズレがなかったことがうれしく感じられました。この〝感覚の共有〟は、言葉だけでなく非言語の情報で成り立っていることを、強く感じました。メールのやりとりではこれができないので、もどかしい思いをしていたこともわかりました。

これこそが、「わかってもらえた感覚は、オンラインで伝わるか？」という問いの答えであり、私の体験では、それは難しいという答えになります。数時間の出会いでしたが、メール百回に相当するようなもので、あらためて、非言語的情報がコミュニケーションで大きな役割を果たしていると感じました。

オンラインでは「共有する、分かちあう」という感覚は成り立つのが難しい、と感じました。分かちあうという感覚は《発達障害》についての議論でも核心となっているところですが、大石さんと直接話し合えたことで、対面での関わりでなければ、〝瞬時の響きあい〟というレベルでの情緒や感覚のやりとりは難しいことが、確認できたように思います。

対論 12

子どもが育ちにくい社会

——コミュニケーションだけでなく

子どもは先がわからない存在

小柳　養老孟司氏は著書『ものがわかるということ』〔本書一五五頁〕で、いまの時代は子どもにとって生きづらい時代であることに触れています。養老氏の言説をブログなども参考にまとめてみましょう。

脊椎動物の進化は「脳化」と呼ばれる方向に進んできました。進化の結果が現代の都会です。都会は脳で作り出したもので取り囲まれ、それ以外は排除されるのです。現代は、徹底的に人を管理します。体を支配し、その延長として環境を支配しようとします。

現代人は「偶然」を受け入れることが難しくなっています。都市であるとされるのは、社会的・経済的価値があるもの売り買いできるもので、売れないものは「ない」も同然なのです。こういう世界では、子どもに価値が置かれるはずがありません。子どもは先行きがわかりません。先がわからないものは「ない」ことにされてしまうのです。いまの子どもは、早く大人になれと言われています。幼児期は「やむを得ない」ものであり必要悪なのです。

子育ては「ああすれば、こうなる」ものでなく、「どうしたらいいか、わからない」ことの連続です。子どもは不合理な存在です。都会には不合理な存在を相手にしたくない人が大勢いて、子どもを産みたくない、子どもを持ってもしょうがない、これが少子化です。地方も例外ではなく、予定が立ち計画どおり結果が出ることを好む学校秀才が増えれば、自然がなくなり、子どもがいなくなります。

田畑を耕して種を蒔く田舎の生活では、子どもがいるのは当たり前です。人間の種を蒔いて、ちゃんと世話し育つまで「手入れ」をします。「ああすれば、こうなる」ではなく、あくまで手入れです。子育ては、野菜を育てるように手入れするものなのです。

養老氏は、人間は進化の結果、子どもは徹底的に管理されるかコントロールが及ばなければ疎まれ、ないものとされてしまう存在になりつつある、と言います。この言説は、少子化について語られたものですが、こうした文明史的な変化が、発達障害の増加の背景にもなっている、と私は考えます。

子どもの時間と空間がやせ細った

答　子どもたちが人間関係において過度に傷つきやすくなり、打たれ弱くなった背景には、大人の目の届かないところでの異年齢集団での遊びが減少したことが大きく関係していると考えています。

五十年前、私が小学生だった頃は、子どもたちには学校以外の遊び場がありましたし、親たちは子どもたちを放ったらかしにしていました。そのなかで子どもたちは、危険なことや失敗を含めて、さまざまな経験を重ねて成長したのです。

いまは子どもの安全管理の必要から、放課後、山や川に出かけて昆虫や魚を採るような場所も時間も消えました。公園からは、危険だと判断された遊具は取り払われ、広場で缶蹴りや鬼ごっこをする姿も見られなくなりました。子どもどうしが砂場で相撲をとる姿もありません。そして、見知らぬおじさんやおばさんから声をかけられたら不審者と思うように、と教育されるようにもなりました。

異年齢集団をとり仕切るガキ大将はいなくなり、子どもたちはベンチに座り、スマホやタブレットでゲームをしています。このような変化はそのまま、子どもたちのこころの変化と連動しています。いろんな人とのあいだで揉まれることが「社会力」を育てるのですが、そうした経験が減っていて、さまざまな不適応が生じているということです。

小柳　いまは見かけませんが、子どもの頃よく相撲をしていましたね。私は子どものころ、家の近くに小さな池があり、夏には、廃材を集めていかだを作って島に渡る遊びが、大きな楽しみでした。島では茅《かや》で隠れ家も作りました。転居したので小学校五年までの数年間でしたが、大人が監視しているわけでなく、子どもたちだけでやっていました。親は釘や金づちなど道具を用意し、積極的に応援してくれました。一度は、水に落ちて溺れそうになったこともあったのですが、よく好き放題にやらせてくれたものだと感謝しています。

小学校の高学年になると、放課後ソフトボールやドッチボールをやっていました。いまの子どもたちはスポーツ少年団で野球やサッカーなどをやる子も多いのですが、子どもだけで集まってのソフトボールと、大人の指導があるのとでは、やっていることは同じですがまったく別物なのです。

子どもの時間と大人の価値観で管理された時間の違いと言えます。いまの子どもは、学校、塾、習い物、スポーツ少年団と、大人の価値観に支配された世界のなかで過ごす時間が増えています。大人に囲い込まれているのです。

養老氏は、子どもが育つには、何かのためでない「結果を考えない行動」が必要だと言います。大人が関与すると「うまくなる」など目標が入ってきます。子どもだけで遊ぶときは楽しければよいのであって、「完成しなければならない」という圧力はないのです。

いまの子どもたちも、賢く大人の眼をかいくぐって〝子ども時間〟を確保しているだろうとは思いますが、気をつけないと〝子ども時間〟がどんどん削られ、子どもの世界がやせ細ってゆくのです。

ところで、私が定位できなくて困っているのは、ゲームです。子どもにとってゲームは、大人の目が届かない新たに発見したジャングルなのか？　大人が巧みに用意した商品に過ぎないのか？　という点です。

もしゲームが子どもにとって、大人の眼をかいくぐっての冒険だとすれば、邪魔したくはないものです。ゲームを目の敵にする大人が多いということは、隠れた冒険遊び場かもしれない、とも考えられるのです。ゲームが子どもにとってどんな存在か？　それがわかるのはもう少し先になりそうですね。

子育ての世代感覚が弱くなった

テーマがズレるように感じるかもしれませんが、世代感覚について触れたいと思います。子育てとは、前の世代から受け継いだものを次の世代に渡していくことですが、そのバトンを渡すランナーであるという世代感覚が弱くなっていることが、私には気にかかっています。歴史的な時間のなかに自分を位置づけられないのです。

学生相談で、不登校の学生が『親に仕送りしてもらっているのに、学校にも行っていなくて申し訳ない』と語ったことがあります。私は『仕送りは、あなたがもらっているのではなく、あなたに子どもができたときまで預かっているだけなのです。たくさんすねをかじると、子どもにもたくさんすねをかじらせることができるから、遠慮なくもらってもいいのです』と説明しています。こうした「世代から世代へと受け継がれる」という感覚は、どうして弱くなったのでしょうか。

「家」制度がまだ力をもっていた時代は、結婚し子どもを産み育てることは、末代まで家を繁栄させるために必要不可決とされていました。個人よりも家の都合が優先されてしまう面も多かったでしょうが、そのようななかで、前の世代から受け継いだものを次の世代に渡していくという感覚は、強く感じていたのではないでしょうか。

人生が一代で終わるようになった

最近、「終活」という言葉が流行っています。死んだあとに家財道具や家などが子どもの負担にならないように、あらかじめ始末しておくことです。これは戦後、大量の人口を占めていた団塊の世代が七十五歳を超え、死が近くなってきた影響が大きいと思います。

かつて終活のようなものは、それほど必要ありませんでした。死んでも、家も田畑も家財道具も仕事道具もそっくり、家督として次の世代に受け継がれたのです。着物などは、心待ちにしている人もいたものです。

いまでは、子どもが世襲で仕事を継ぐことも減っています。大学から親元を離れ、そのまま就職したところで住むようになりました。転勤で住まいがたびたび変わることも普通になりました。親が死ねば、住んでいた家は必要がなくなり処分されます。家財道具に至っては、一瞬にしてゴミになるのです。仕事や家事で培ってきた知識や知恵も、受け継がれることなく途絶えてしまいます。

こうした生き方のなかでは、世代感覚が育たなくても不思議ではありません。せいぜい我が子か孫までしか思い至らなくなりました。受け継いでいく「家」が無くなったのです。存続させる家がなくなれば、結婚の目的は、子どもを産むことではなくなります。

子どもを産むかどうかは夫婦で決める事柄になりました。かつては「天から子どもを授かる」という感覚でしたが、子どもを「つくる」という意図的な営みになったのです。

商品経済社会のなかでの子育て

私は経済学については素人ですので的外れかもしれませんが、いまの社会は、あらゆるものがお金で換算される商品経済社会へと急速に進んでいるように感じます。商品経済社会とは、商品の生産と消費の連続的な取引によって経済が動く社会です。

他者によって生産された物が商品として売買され、人が商品によって結びついている社会と言えます。人が直接関わる必然性が薄らいでいます。不用品をメールで売買するメルカリの出現が、象徴的に感じられます。

社会が商品経済化していることを強く意識させられるのは、庭の草刈りをしているとき、「これを人に頼めばいくらかかるから、今日はいくら分、仕事をしたな」とお金に換算している自分がいるのです。妻が食事をつくったとき『これならランチとして八百円で出せるね』と言ったりします。つくづく、商品経済社会の価値観に毒されているなと感じます。

こうしたなかで「子育て」はとても不思議なものになります。子育ては二四時間休みなしですから、ベビーシッターを雇えば、莫大な金額になります。母親はそれを無料でやっているのです。商品経済のなかでは、子育てを位置づけるのが難しくなっているのです。

かつて自給自足の時代は、多くの時間が衣食住など生活を成り立たせるために使われていたのです。その一環として子育てがありました。まさに「暮らし」そのものだったのです。そのなかで子育てには、何の違和感も感じられなかったでしょう。

高度経済成長期になって、多くの人が農業から鉱工業へ、さらにサービス業などの第三次産業に従事するようになって、商品経済化が一気に進みました。自給自足はほとんどなくなり、それぞれが得意な分野を仕事とし商品を買うお金を手に入れるために、多くの時間が使われるようになったのです。

「子育て」においては、いくら時間とエネルギーを割いても、商品としての価値を生み出すことはありません。商品経済社会は、商品価値を生み出さない営みは意味をもたないのです。こうしたなかで、子育てをどう位置づけたらいいのでしょうか。あらためて子育てを意味づけなければならなくなってきたのです。

最近、子育てについて「未来への投資」という表現が使われることがあります。商品経済社会のなかで、何とか子育てを意味づけようとして、子どもを「商品」に仕立て上げることで辻褄を合わせようとする動きを、反映しているのかもしれません。この考えには私は違和感があります。投資は回収されなければなりませんが、子育ては投資なのでしょうか。

私が勤めていた大学でも、二十年前に法人化するあたりから、「卒業したら即戦力になる人材を」という圧力を強く感じるようになりました。ここにも、人の「商品化」の波が押し寄せてきていることが読み取れます。気がつかないうちに、人も、売買される商品のひとつになっていたのです。

商品となれば、自由に売買できることに価値がありますから、世代からも地域からも家族からも切り離され、人は「根無し草」にさせられます。それは、商品は「つながり」が少ないほど売買に都合がよいからですが、経済のあり方が変わらなければ、この傾向は今後ますます進んで行くのではないでしょうか。

一九六〇年代から、E・H・エリクソンの〈自我同一性〉の研究が注目されてきました。「自分が何者であるか」を同定するのが難しくなってきたと言われています。このとき「根こぎ感」という言葉が使われますが、商品経済社会の進展で、地域からも世代からも伝統文化からも根こそぎ抜かれるようになった時代を、反映しているように思われます。

子どもの出来・不出来で

大石 小柳さんが指摘されるように、戦後からの大きな時代の変化が、子どものこころの発達に影響を及ぼしていることは確かだと思います。ことに母子関係で安心感安全感を感じられない「愛着の問題」が、《発達障害》と誤認されて広がっていると感じています。その背景には、「子どもの出来／不出来で自分が評価される親の不安が、子どもに伝わるという現象」も関わっている、と私は考えています。

小柳 親子関係で子どもが安全・安心を感じられないことは、《発達障害》を考えるうえで核心とも言えるところです。親が不安を避けるために「子どもをコントロールする」ことになりやすいので、発達障害と呼ばれる子どもや、不登校を生み出す土壌になると考えられるからです。

子どもの出来／不出来で親が評価されることは、一九六〇年頃から顕著になったと考えています。これは、商品経済の進展と大きく関係していそうです。子どもを高く売れる商品にすることが、親の成功になってきたのです。

昔は、子どもがたくさん産まれて、そのなかには出来る子もいれば出来ない子もいます。立身出世した子がいればラッキーぐらいの感覚で、そうしたことを目指して子育てはしていなかったように思います。立身出世したとしても、「育てた」というのでなく「育った」という感覚だったのではないでしょうか。

戦前でも、都会にあっては中産階級を中心に、中学受験やその後の高等教育など、社会的成功を意識した子育てはあったのでしょうが、日本全体としては、子どもの出来／不出来で親が評価される社会ではなかったように、私は思っています。

まだ身分制度が残っていましたので、田舎では旧制中学や高等教育を受けられるのは、地主とか造り酒屋など社会経済的に恵まれている階層の子に限られていたのです。まれに貧しい農家に生まれた頭が良い子が、地元の篤志家の援助を受けて高等教育を受けられるということもあったようですが。

戦後になって、身分制度のしがらみが緩くなり、誰でも高等教育を受けられるようになりました。無産階級が成功する方略としてとられたのが、子どもを金が稼げる職業につかせることでした。理系では医師を、文系では弁護士を、頂点とする競争が始まるのです。

この競争に、高度経済成長の時期に地方から都会に流入した人たちの子どもが参入して、大競争時代になるのです。これが、受験競争の激化や、塾の繁栄を生み出したのです。子どもの社会的成功が「子育て」の目標になり、子どもを社会的な勝者に育てられたかどうかが、親としての評価基準になったのです。一九六〇年代に「登校拒否」が出現し始めますが、この変化が大きく関与しているでしょう。

これはいまも続いていて、いっそう過酷になっているかもしれません。子どもの数が少なくなり、「失敗が許されない」プレッシャーが強くなっているからです。競争の分野も、大学への進学にとどまらず、お金が稼げるスポーツや音楽、芸能、起業家など、多岐にわたるようになりました。

「早期教育」にも熱心になってきています。マスコミでは、早期教育を受けて活躍して有名になった人が話題になるので、うまくいくように思わされますが、その裏にはたくさんの途中で挫折した人がいるのだと思います。本当のところは、誰もが早くから始めれば成功するものでもなさそうです。

　競争に成功した人たちのなかから、新しい資産階級が生まれつつあります。資産を形成した人は、それを守ろうとします。子どもに継承したいと思う人も出てくるでしょう。しかし私は、この目論見《もくろみ》は失敗すると考えています。それには、ふたつの理由が考えられます。

　ひとつには、栄枯盛衰のサイクルが早くなって経済的成功を維持するのが難しくなっていることが挙げられます。

　もうひとつは、商品経済のなかで社会的成功をもたらした心性が、子育てに馴染まないことが挙げられます。子育ては「こうすればこう育つ」という世界ではありません。こう育ってほしいとコントロールするほど育たないのです。子どもがうまく育たないという問題に直面するのではないかと考えています。

大谷　芹沢俊介氏は『ひきこもりの背景にある見えない暴力と虐待——二つの両親殺害事件から見るひきこもり』（日本子どもソーシャルワーク協会、二〇〇五年）という冊子のなかで、経済成長とともに成果主義が加速し、わが子の人生をコントロールしようとする「教育家族」が増えると指摘しています。これが、子どものこころの発達に何らかの「不全」をもたらしていることは確かだと思いますし、そのひとつが《発達障害》の特性として現れているのではないかと考えています。

そう考えると、《発達障害》の問題は先天的な脳の特性ではなく、まずは子どもが育つ後天的な環境や関係性の問題、つまり「親子の情緒的交流がうまくできない愛着形成不全」として捉えていく必要があるのだと思います。

いつくしむという眼差し

小柳　私の好きな短歌に、江戸時代末期に越前に住んでいた橘曙覧の《たのしみは　まれに魚烹《に》て

児等《こら》皆が うましうましと いひて食ふ時》という一首があります。「たのしみは」で始まる五二首のうちのひとつです。

子どもたちがたまの魚のごちそうをおいしそうに食べる姿を見ることが、大きな喜びをもたらしてくれるのです。それは、将来の見返りを期待してのものではありません。「いつくしむ眼差し」と言ってよいと思います。これは「コントロールする子育て」の価値観の対極に位置づけられるものです。商品経済化が進展するなかで私たちは、こうした眼差しを失わないでいられるのでしょうか。

子どもをとりあげた短歌では、奈良時代の万葉集にある山上憶良の《銀《しろがね》も 黄金《くがね》も玉もなにせむに まされる宝子にしかめやも》が有名です。「どんな財宝でも、子どもにまさる宝はない」という意味です。うがった見方かもしれませんが、こうした歌があるのは、奈良時代にすでに子どもよりお金の方が大切な人がいたのでは？　とも読めますが……。

対論13

安心して子育てを

――子どもが育ちやすい社会に

養育者の多忙化とゆとりのなさ

小柳　《発達障害》と呼ばれる子どもが増えている背景には、産業化社会の進展による子育て環境の変化が挙げられます。そうした変化の最たるものは、女性に子育てと仕事の両立という難問がのしかかってきたことですが、他にも、孤立しがちな育児環境など、枚挙にいとまがありません。子どもが大きくなってからも、進学に際しての経済的な負担など、気がかりは尽きることがありません。そうした問題の解決策はないか、模索したいと思います。

大石　最近、職場や産業カウンセリングで感じるのは、誰もが自分のことで精一杯になっていて、ゆとりがなくなっていることです。「ゆとりのなさ」が生活のさまざまな場面に広がり、生きづらさにつながっているのではないかと考えています。ゆとりのなさは働く母親も同じ状況にあり、子どもの発達に影響するのではないかと思います。

小柳　対論も終盤にさしかかってきましたが、「ゆとり」は《発達障害》や子育て、そして私たちの生活全般を振り返るキーワードとして、締めくくりにふさわしいのではないでしょうか。
ゆとりを辞書で調べてみると、「時間、金銭、空間、体力、気力などの余裕」とあります。まず一番に「時間」が挙げられています。家電製品などで家事の時間が短縮されているのに、忙しさが減らないのは不思議なことです。

大石　一九九〇年代から浸透していく男女共同参画という社会的キャンペーン（男女共同参画基本法――一九九九年施行）は、子育てで家に閉じ込められた女性を社会に向けて解放することにつながりました。共働き家族を増やすことにつながり、家庭に物質的な豊かさをもたらしました。ところが、働く母親は、仕事と子育ての両立を迫られ多忙になります。

そもそも子育ては手間暇かかるものです。時間的にゆとりがないことは精神的なゆとりのなさにつながり、母親は、子どものペースに合わせた生活ができなくなりました。子は子で、母親の忙しさを前にして、寂しい思いをすることが増えました。

母親にゆったりと寄り添ってもらえない子どもたちは、さまざまなかたちでSOSサインを出すようになります。学校の保健室や学童保育など、家庭以外で「構ってほしい」サインを出している子どもたちが増えているのではないでしょうか。《発達障害》の特性と呼ばれている行動の背景に、そうした〝思い〟が感じ取れる子どもたちは少なくありません。

この現象を説明するために、「発達障害は先天的な脳の特性である」という考え方は便利なものでした。「子育てのせいではない」とされたからです。このことで表面的には母親が救われたかのように見えましたが、こころの奥には、我が子と十分に向き合えていない不全感や罪悪感がくすぶっているのではないかと想像します。

女性の社会参画を促す国の政策は、労働力として活用する発想だったかもしれませんが、親としては時間的・精神的なゆとりをなくすことになり、子育てそのものの「負担」感を増大させたのです。それはおそらく出生率の低下にもつながっています。

母性という言葉が使いにくくなった

小柳　近年、女性の社会進出に水を差すようにとられる発言はしにくくなっています。タブーと言えるほどです。大石さんの発言は、とても勇気のいることです。私自身は、議会の議員や管理職に女性が増えるなど、社会進出するのは当然だと思っています。しかし、子どもが不利益を被ったり、女性の負担が増えるかたちで実現するのは望ましくないと考えています。

このテーマと絡んで、近年「母性」という言葉が使いにくくなっています。女性を育児に縛り付ける言葉だとして排斥されるようになったのです。その代わりに「親性《おや》」という言葉が提唱されています。男性が積極的に育児を担う「イクメン」も推奨されています。これは「母親でなくても子どもを育てられる」という主張ですが、私には、出産後も間を置かずに継続的に就業させるために喧伝されているように感じられて、引っかかるのです。

歴史的に見ると、女性の社会進出が戦争と重なる面もあるのではないでしょうか。現在の日本は砲弾こそ飛び交っていませんが、世界を巻き込んでのグローバルな経済戦争の最中とも言えます。女性と言えども最前線に駆り出されることになったのです。母親が前線に行くとなれば、その間、子どもを誰が育てるかが問題になります。そのときに、「子育ては母親でなくてもできる」という説が必要になるのです。

しかし私は個人的には、この説に疑問を持っています。不登校が回復する過程で、母親に甘える姿を多く見てきたからです。仕事に忙しい母親に遠慮して、子どもが甘えることを我慢したために「こころが栄養失調になって」不登校になった、そんな一面はないでしょうか。子どもが甘える相手は、父親でも、先生でも、地域の人でもよいでしょう。母親でなくても、血縁関係がなくても、《愛着》は形成できます。しかしながら重要なのは「子ども自身が誰との愛着を求めているか？」なのです。

大石さんは、現行の発達障害支援には子どもの視点が向け落ちている、と批判されていますね。「誰でも子育てできる」という説は、大人にとって都合の良い論理と言えるかもしれません。

負担になっている「小1の壁」

◆大石◆ 最近、使われるようになった言葉に「小1の壁」があります。これは、子どもが小学校に入ると仕事と家事・育児との両立が難しくなることを指しています。保育園では延長保育があるところも多く、遅い時間まで子どもを預かってもらえます。

ところが小学校入学後に利用する公的な学童保育は夕方六時で終わるところが多く、同時に時短勤務制がなくなる企業も多いので、子どもは親が帰るまで家で一人で過ごすことになります。やむを得ず仕事をやめたりパートに代わるなど大きな問題になっているのです。

男女共同参画や女性の社会進出が言われて久しいですが、女性が子育てをしながら男性と対等に働ける環境は整っていません。福祉国家である北欧では、母親だけでなく父親も夕方四時過ぎには保育園や学校に子どもを迎えに行く光景が普通に見られると聞きます。

また、子育て期間中働かずに家にいることは、それまである程度自由にできた生活を制限しなければならないことに加えて、共働きでなくなることで経済的な不安も生じるために子育てを負担に感じる状況になりやすいのです。この問題を家族に丸投げする社会の在り方が変わらない限り、子どもの問題は増え続けるでしょう。

産前・産後うつの問題

小柳　産前産後の抑うつが増えていることが大きな問題になっていて、生後一年までの物心両面での継続的な援助が検討されています。抑うつになると、身も心も思うように動かなくなり、子どもの求めに応じるのが困難になります。子どもの泣き声が煩わしく感じるようになるとも言われています。

先ほど大石さんは、子育てにおける重要なこととして「即時のこころの響きあい」を強調されましたが、抑うつがこれを妨げ、それが《発達障害》と呼ばれる子どもが増える遠因になっている可能性もある、と私は考えています。抑うつの増加は、出産によって生活スタイルが大きく変わることや、閉鎖的な居住環境での孤独な育児が影響していると考えています。仕事に復帰してからは、仕事・育児・家事の重い負担による心身の疲労はもちろんです。

また、育児中は子どもとの微妙な情緒のやりとりを身体や皮膚を通してするため、親の〝こころの壁〟が薄くなることによって、バリアが弱くなり、強いストレスがかかると抑うつになりやすいのではないでしょうか。

子どもをかわいいと思えない

◆今 最近、聞かれるようになった言葉に〈ボンディング障害〉があります。出生後の赤ちゃんに対して「いとおしい」「守ってあげたい」という感情を抱けない状態を指します。わが子に無関心であったり、拒絶したくなる、怒りを感じるなど、子どもを肯定的に受けとめられない障害だと言われています。育児放棄や幼児虐待に繋がりかねないため、産後のメンタルケアにおいて重要な課題となっています。

社会から子育てと働くことの両方を求められ、働くためには子育てをある程度犠牲にしなければならない。子育てのためには働くことをある程度犠牲にしなければならないが、生活水準は落としたくない、というジレンマの状況に置かれます。そのプレッシャーから、子どもをかわいいと思えない、怒りが込み上げるという症状が出ているのではないでしょうか。

子どもをもつと、一人で暮らしていたときには出来ていたことが制限されるし、仕事と育児の両立という葛藤に直面させられることが、子どもへの「自然な愛着の表出」を妨げてしまうのです。また、この障害は〈産後うつ〉と関連していることが指摘されています。
この症状は医療や薬に任せるのではなく、親が仕事と子育てを両立しやすい環境づくりをしていくことで、回復を図る必要があります。そのためには、社会全体の働き方を見直さなければなりません。

小柳 〈ボンディング障害〉という言葉は知りませんでしたが、相談で「子どもをかわいく思えない」という訴えを聞くようになりました。それは〈抑うつ〉と深く関わっていると理解していました。子どもをもった母親が働き続けるにせよ、子育てに専念するにせよ、母子ともに負担が大きいということですね。
働く場合は、小学校入学以降も、時短勤務やオンライン勤務など、個人の事情に応じた柔軟な働き方を可能にする施策が望まれます。こうした選択をしても給料や昇進などで不利益にならない、脅かされない、ということがとても重要だと考えています。子育てに専念する場合には、経済的な不安に脅かされないことも大切なことです。

国は「子ども真ん中社会」ということを標榜していますが、どうするのが良いか考えると き、子どもの事情を第一に優先するという姿勢が大切なのではないでしょうか。学童保育の時間を延長する方向は、大人の都合の都合が優先されていないでしょうか。子どもが望んでいることとのようには思えないのです。

個々の家庭の事情に合わせた働き方や生き方を、不利益なく選べるようになることが、本当の豊かな社会と言えるように思えます。

要は、親子関係（養育者と子どもの関係）の質が大切なのです。。虐待は論外ですが、少なくとも大人と子どもの関係で安全と安心が十分に保証され、情緒のやりとりが大きくズレていないことが重要なのです。

これから少子化を巡って、「子育て支援をどう充実させるか」の議論が活発になるでしょうが、養育者が時間のうえでも気持ちのうえでもゆとりが持てて、ゆったりと安定して質の良い関係が形成できる援助、という軸から外れないことを願うものです。

子どもをもつと社会的に弱くなる？

先に、大人と子どもの生きる速さが違ってきたために、子育ては速さの異なる二つの世界を行き来するしんどい営みになったと述べました。子どもと関わるときは、時速六〇kmで走れない時間になります。現代社会では時速六〇kmで生きられないことは不適応であり、社会的弱者になることでもあります。ということは、商品経済社会のなかでは、子どもをもつことは価値が下がることになり、大きなハンディを背負うことになったのです。

子どもをもつことが社会的に不適応になることが、少子化の理由かもしれません。みずから社会的弱者になることを選択することは容易ではありません。個人的には大きな負担になっているのです。夫婦が自分たちの生活を充実させることを優先すれば、子どもを産まないという選択をするのは不思議ではありません。

子どもをもつことが、社会的不適応や弱者になるという不利益を被らない社会は、どうすれば実現できるのでしょうか。

コミュニティでのつながり

◆大石◆　高度経済成長期以来、生活のあらゆる場面で「効率化」が進み、伝統的な地域の行事が減り、近隣の人とのつながりも薄くなっていきました。人との関わりと、子育てだけはそうでないものとして残されます。そうしたなかで、さまざまな軋轢や不都合が生まれているのではないでしょうか。

話がズレるかもしれませんが、このような問題意識から、私が準備委員長を務める人間性心理学会第四三回大会〔二〇二四年九月〕では《対話で紡ぐコミュニティの創造――SNSの広がりの中で》というテーマを掲げ、縁側で隣り近所の人たちと楽しく穏やかな時間を過ごしている風景のイラストを大会冊子の表紙につけました。そこには次のような思いが込められています。

かつての日本の家屋には縁側がありました。そこでは隣近所の人たちが腰を下ろして交流していました。縁側の空間とそこで過ごす時間は、家の内側を守りながらも外に開き地域の人たちと程よいつなが

©R. Nakayama, 2024

りを維持する役割を担っていたのです。

今日、高気密高断熱の家屋やマンションが増えて、縁側はなくなり地域のつながりも薄くなりました。私たちが快適な生活空間を求めた結果なのですが、様々な心の問題を生じさせました。

現代ではSNSのコミュニティが急速に広がっています。こうした中でどのような人とのつながりを創造し、お互い支え合っていける新しいコミュニティを構築できるでしょうか。

このイラストは、子どもたちの健全な発達を支える場は、〝血縁〟に支えられた「家族」だけでは足りず、それを新しい〝地縁〟やインターネット・コミュニティなどがどのようなかたちで補い、独自の機能を発揮すればよいのかを、問いかけているのです。

喜びや気がかりを分かち合う

小柳　抑うつを防ぐためには、子育ての気がかりや喜びを分かちあう人が身近に必要でしょう。かつては、子ども抱いて外に出れば、近所の人から『大きくなったね』『かわいいね』『わたしにも抱かせて』と声がかかったものです。これも、お互いに幼い頃から知っている間柄だから生じたことです。現在の人口移動が激しい社会では、外で人に声をかけられたらまずは警戒するのではないでしょうか。

マンションでの密閉した空間で子どもと二人だけで長時間過ごす育児では、息が詰まっても不思議ではありません。夜遅く帰る夫の支えだけでは、とても持たないと思います。

人は情緒を分かちあえる人が身近にいることで、こころの安定やゆとりが得られるのです。しかし、現在のライフスタイルや住環境で、身近に子育てでの気がかりや喜びを分かちあう人間関係を、どう実現するのかが難しいのです。

直接的な関わりを避けたい

大石さんの新たなコミュニティの創造の考えには賛同しますが、実現するには、それを支える価値観と必然性がなければなりません。「昔はこうだった」というノスタルジーに陥らずに、人と人との直接的な関わりが必要である、との説得力が欲しいところです。

先の縁側の例は、少数の固定的な人間関係で起きていたことです。いまはスマホなどの間接的なコミュニケーションも含めて、大量で流動的な人間関係をこなしていかなければなりません。人間関係に疲れていて、できれば避けたいのです。

大谷　いまの人たちは、人とのつながりを求めながらも面倒は避けたがる、というのはそのとおりではないでしょうか。こころは人との触れ合いを求めていながら、身体はそれを嫌がっているという状態です。

その背景には、仕事による疲労、対面での「ひと疲れ」、スマホなどによる「情報疲れ」があると考えています。ひと疲れは、対面であってもその交流が情報をやりとりするだけの「情報的コミュニケーション」に留まっていることにも因るのではないかと想像します。

それに比して「情緒的コミュニケーション」は、お互いが相手の気持ちを汲み取り、それを言葉にして伝えあう交流を指しています。そこには言葉だけでなく、声や表情、身体から醸し出される雰囲気を基盤とする生きものどうしの交流があります。

人とのつながりに疲れないためには、人選びや場所選びが大事です。関わる人や場所を必要以上に増やさない工夫も必要です。そこで「身体がどう感じているか」という感覚を大切にしながら、心地よさを軸に、どんな関わりを自分が求めているのか絞り込んでいくのです。

無理のない範囲でやる

人が人との関係を求めて集うためには、新たな価値基準を創出する必要があります。そのひとつが「居場所」という概念です。居場所とは「そこに行くこと／そこに居ることそのものが目的」となる場所です。気持がホッとする、雑談できることが楽しい、自分の存在感を感じる、人との「ほどよい関わり」がこころの癒しになる、そんな場でしょう。気が向いたときに立ち寄って自分のペースで過ごせる場所、人のためにやれることがあれば無理のない範囲でやるという「ほどよい距離」を保った関係が生まれてくると良いのではないでしょうか。

小柳　そこにいると気持ちがホッとする、自分の存在感を感じることができるような「居場所」は求められていると思います。その一方で、人と人との直接的な関わりで生じるわずらわしさは避けたいのです。「居場所」だからといっても、トラブルやわずらわしさがないとは思えないのですが……。

《発達障害》の問題を考えると、子どもを育てやすい地域づくりは緊喫の課題だと思っています。私たちは呼吸しなければ生きてゆけないように、人は〝つながり〟のなかでの気遣いや分かちあいがなければ、生きていけないし、健康を保てないのです。

そして、地域や世代とつながっていなければ、「意味のある存在」として生きられないのです。人が触れあいを希求する思いは、「子ども食堂」や「地域おこし」のさまざまな活動が増えていることにも表れていると思います。

子育て支援センターや子育て広場など、身近なところで親子が集まれる「居場所」が整備されつつあります。今後さらに子育てステーションとして「相談機能」も充実させるとのことで、すぐれた施策だと思います。こうした居場所が設けられ始めたのに、《発達障害》と呼ばれる子どもの増加のペースは高まり続けています。問題の根深さを痛感させられます。

子ども食堂などの新たなコミュニティづくりは、その多くが個人的な善意と熱意に支えられています。善意と熱意に支えられた「居場所づくり」は、個人プレーで終わってしまうこともあり、力強い社会的なうねりになるだろうか？　という疑問は残ります。収入が減らずに労働時間が大幅に短縮するなど、大きな社会変革が伴わないと、新しいコミュニティの創造は難しいのではないでしょうか。

プロジェクトチーム的に？

人間関係で難しいのは、いったん〝つながり〟ができたら終わりにくいところですね。

私がやっているのは、エンカウンター・グループをベースに子育てや不登校などをテーマにしたグループ活動です。その特徴は、時間内は濃密な関わりがもたれますが、それ以外の場所では関わらない関係です。安心して終わることができる「プロジェクト」的な関係といえるかもしれません。

こうした自発的なテーマ別のグループ活動を、地方自治体が場所の提供や補助金等で積極的に支援することが考えられます。こうした試みは、実際たくさんおこなわれています。地域活動を支えたり参加することに対して、行政が「地域活動控除」として税金を少なくすることも考えられます。

何より、望ましいコミュニティが「自分たちで創り出せる」という感覚と、それを支えるシステムが必要なのかもしれません。これは「自分の人生の主人公は自分だ」という感覚と共通するもののように思います。

ただ、この方式は人間関係の総量を増やさずに質の良い体験ができるかもしれませんが、エンカウンター・グループがそうであるように、日常での継続的なものではありません。安全感・安心感は「安定した継続性」から生まれるものですが、それが確保されないという難点があります。「プロジェクト的」な関わりから得られた知恵を基盤にして、日常生活のなかにこころの支えとなるような（良質な）継続的な関係を創り出す工夫が求められるところです。

大石　子どもが愛情を求めている対象は母親だったとしても、母親自身や家庭には、その願いに十分に応えられないさまざまな事情があったりします。「時間さえがあれば子どもにこうしてやりたい」と思っているのに、それができない事情を抱えている家庭をどう支援をするか、そこが難しいのです。

子どもの願いに無理して応えようとすることは、子どもにとっても家庭にとっても良いことではありません。子どもの願いに応えられるかたちは、家庭によってみな違うのです。いまの日本の社会は、お金を補助することが問題解決につながると考えられているようですが、それだけでは不十分だと思います。

その工夫として私は、養育者の居場所づくりを考えています。あるお母さんにとって「いつも子どもと一緒にいると煮詰まってしんどいので、ときどき居場所に行ってコーヒーを飲みながら雑談できる」、そうするほうが子どもと良い具合に関われるというように。

人間の欲望には限度がありません。生活水準を下げずに時間を確保することは難しいですが、「足るを知る」という言葉にあるように、自分の人生にとって何が大切なのかを自身に問うてみることが必要な気がします。自分と向き合うことを通して、いまの生活を変える難しさがわかると同時に、〝新しい生き方〟の可能性が開けてくるかもしれません。

対論14

生き方が問われて

——安心とゆとりを実現する

豊かさを手に入れたものの

小柳　《発達障害》について考えれば考えるほど、そこでは私たちの生き方が問われていると感じます。戦後八十年のめざましい経済発展の結果、私たちは物質的な「豊かさ」を手に入れました。なのに私たちは、それほど幸福感を感じていないし、漠然と疲れを感じています。歴史的には長い「欠乏」の時代がありました。それは飢餓や疫病で「生きるのが苦しい」世界だったのです。ところが戦後、初めて足を踏み入れた「豊かな」時代は、夢に見たバラ色の楽園ではなく、物と情報が濁流のようにあふれ、絶えざる判断と選択を迫られる、落ち着きのない「生きるのが難しい世界」だったのです。

こうした感覚は、バイキング料理でお腹は十分に一杯になっているのに、まだ食べたい料理が山ほど残っていてこころが満たされない、そんなときに体験されます。私はこの際限のない欲望に苦しめられる状況を「食べても減らないバイキング料理の恐怖」と名づけました。同じような状況が、生活のあらゆるところで起きているのです。魅力的なものや情報やイベントがあふれているのです。手に入れても手に入れても、さらに欲しくなるように仕組まれていて、「欲望のブラックホール」のような世界なのです。

毎日がお祭りか戦場か

街なかでは夜も消えることなく電飾がきらめき、情報が昼夜を問わず世界中を駆けめぐります。道を走れば宣伝の旗が乱立しています。のぼり旗は古来、お祭りか戦争に使われたものですが、現代人は「毎日がお祭りか戦争のような状態」を、足早に生きているのではないか、と私は考えるようになりました。お祭りも戦争も、大量に物が消費できるので経済の拡大に寄与するのです。

かつては晴れの日にしか食べられなかったようなご馳走が、いつでも食べられます。その一方で、カップ麺も大量に消費されています。カップ麺は戦場食そのものです。その代償として、ありふれた日常を失い、「自分と（そして人と）ゆっくりつきあう時間」を失ったのです。

お祭りは楽しいけれども、毎日となれば身が持ちません。また、日常的に戦場で暮らすとなれば、こころが緊張に耐えられるはずがありません。こうした厳しい生活にこころがくたびれた状態が抑うつなのです。毎日がお祭りや戦場のような落ち着きのない生活のなかで、子どもが健やかに育つはずがありません。

からだの声に耳を傾ける

かつては生産機能を支えるために、身体を使う仕事が多くありました。それが都会的な生活では、パソコンやスマホを使うようになり、身体的な苦役はほとんどなくなりました。身体を動かす機会が少なくなったので、スポーツ・ジムに通ってトレーニングマシンで体を鍛えたりウォーキングしたりしますが、これは不自然な姿だと感じます。

最近は街じゅうにフィットネスクラブ、マッサージや整体・整骨院なども、ずいぶん増えています。便利さや快適さを求めた結果、生活からは身体を使う労働が減っているのに、自分の体と「つきあいあぐねている」のでしょうか。

これからの「暮らし」を考えるヒントに、〝からだ〟とどうつきあうか？　という視点があるように思います。〝からだ〟の声を聴くことが、手がかりのひとつとならないでしょうか。

カウンセリングは「こころの声を聴く」と言いますが、それは同時にからだの声を聴いていることでもあります。私自身は、意識的に身体的な感覚に焦点を当てるというアプローチを採っていませんが、今回の対論を通して、身体的な感覚を大切にする意味が明確になったような気がします。

神経系の中枢としての脳の欲望には限りがありませんが、いわゆるボディ（ブレイン以外の）には限度があるのです。現代社会は、身体《ボディ》の限界と、脳《ブレイン》の際限ない欲望が、生活のあちこちで葛藤を起こすようになっている。欲望に駆られて心身に無理を重ねた結果が、抑うつやパニック障害として現れる、と考えられないしょうか。

私のイメージするカウンセリングは、脳と身体が対立したときは〝からだ〟の声に耳を傾けるほうを選択することを勧める営みです。カウンセリングは、脳と身体とのあいだに折り合いをつけ、脳の暴走を食い止めるために生まれた〝知恵〟といえるのかもしれません。

大石さんは、いわば〝からだ〟の声を聴くことに焦点を当てる、フォーカシングをやっていますが、この点ついてどのように考えをお持ちでしょうか。

ある事についての意味ある感覚

大石　身体の声を聴くということですが、ひとつの例として、小柳さんが指摘されていた「時速六〇㎞で走っている」自分自身の身体の感覚がどのようなものなのか？　それを丁寧に味わってみると、どんな感覚が生じるでしょうか。フォーカシングでは、ある事柄についての意味ある感覚のことを「フェルトセンス」と呼びます。

日々、時間に追われながら動いている自分の〝からだ〟に耳を傾けてみると、「最近の自分はせかせかして地に足が着いてない感じがある」とか、「いろんなことを雑にこなしている感じで、ひとつひとつのことにもう少し丁寧に向き合いたい」などの声が聞こえてきるかもしれません。こんなふうに頑張っている自分自身を身体はどう感じているのかを、ゆったりと、丁寧に味わってみることから始められるとよいのですが……。

こんなことを言っている自分自身も、大きな矛盾を抱えています。〝からだの声〟を聴くことが大切だと人前では話しておきながら、同時にいくつもの仕事をこなす必要から、身体からは「せかせか、ばたばた」オーラが出ている気がします。

いったん立ち止まる時間を持つことができれば、〝からだ〟に本来、具わっている「生体リズム」を呼び覚ますことにもつながります。自分の〝からだの声〟に気づくことができれば、高齢者や子どもに呼吸を合わせる、ゆっくりとした生き方を「心地よい」と感じられるかもしれません。

心理療法のひとつであるフォーカシングに限らず、カウンセリングの時間が、クライエントさんの「問題解決」に終始するのではなく、それをきっかけに自分の〝からだの声〟に耳を傾ける時間になっていくことを願いたいものです。

自然から離れないで

小柳　私は《発達障害》という現象は、子どもたちから大人への「これ以上、自然から離れると大変なことになる」とのメッセージだと受け止めています。しかし、どうすることが「自然から離れない」ことなのか、明確に描けないで困っています。

最近、キャンプがブームと聞きます。山奥で自給自足の暮らしを紹介するテレビ番組も人気があるように、自然へのあこがれが高まっているように思えます。現在の社会の在り方に対する漠然とした危機感が反映されているのかもしれません。

自然といえば、小川のせせらぎがあって蛍が飛び交っているというイメージがあります。しかし、実際の自然は優雅なものではありません。私は二十年前から里山の端に住んでいますが、ムカデやマムシは出てくるしマダニにも嚙まれます。これを防ぐために、夏場は何度も草刈りをしなければならず、のんびりしたものではないです。

私たちは六十年ほど前まで、ハエや蚊とともに暮らしていました。夏は蚊帳《かや》を吊るして寝たものです。窓には、明かりに誘われたウンカがびっしり張り付いていました。そのウンカは、いまでは使用禁止になっている強力な農薬で駆除され姿を消しました。

都合よくウンカだけがいなくなればいいのですが、トンボや蛙や、どじょうにゲンゴロウと、数多くの生き物が影響を受けたのです。それらを餌にしていた野鳥にも影響がないはずがありません。

ミツバチは、植物の交配など人類に多大な恩恵をもたらしているのですが、その生態に異変が起きているという話を聞きます。人類の存続が危うくなっている警鐘だと言われています。わずか数十年のあいだに、長く均衡を保っていた生態系を、人間の都合で恐ろしいほどに変えてしまったのです。

しかし、以前のようにハエや蚊と一緒に暮らす生活には戻れそうもありません。かといって、これ以上、農薬や除草剤で生態系を破壊することがよいとは思えなくなっています。農薬や除草剤は巡り巡って人の身体にも入ってくるのです。どのあたりで折り合って、不都合や不便を受け入れるか？　それが悩みどころの問題です。

都会と田舎では？

「自然に近い」という点で、《発達障害》は、田舎では少なく都会で多いようなイメージがありますが、私の住む香川県では山間部や島でも、街なかと同じように発達障害が見られるのです。

データは古いのですが舞田敏彦氏が、二〇一〇年の文部省の全国学力・学習状況調査から小中学校の発達障害者数を県別に推計しています〔二〇一一年〕。一位は滋賀県〔四・二％〕、二位は鳥取県〔四・一％〕、三位は京都府〔四・〇％〕と続き、下のほうを見ると、四七位が埼玉県〔一・一％〕、四六位が群馬県〔一・一％〕、四五位が青森県〔一・二％〕でした。

全国平均は二・一％で、東京都は二・〇％でした。一位の滋賀県と四七位の埼玉県では四倍の違いがあるという結果で、どう解釈するか難しい数字です（滋賀県に多いのは、早くから発達障害に焦点当てた乳幼児健診に力を入れていると聞いているので、その影響かもしれません）。

《発達障害》という現象が「都会に多い」という結果が出なかったのは、生活のスタイルが都会も田舎も同じようになったためではないか、と私は考えます。一九七〇年頃までは、都会の子と田舎の子は、顔つきや話し方、服装などで歴然とした違いがありましたが、いまでは全く変わらないのは、ご存じのとおりです。

田舎に住んでいるから山や川で遊んでいる、ということにはなりません。田舎でも、家のなかでゲームをしているし、塾に通い、スポーツ少年団にも参加しているのです。田舎だから自然に近い生活とは言えないようで、どんな生活が自然から離れないことだろうか？　というテーマの難しさが痛感されます。

判断の基準は美的感覚？

私の好きな言葉に、英国のW・クーパー〔一七三一～一八〇〇年〕の「神は田舎を作り、人間は都会を作った」というのがあります。森や林、手入れされた田園の中に民家が点在する風景は美しさを感じさせ、私たちに落ち着きをもたらしてくれます。他方、巨大な都市での密集した空間は緊張と不安を感じさせます。これは子どもが育つために必須の安全・安心感を脅かすものです。

「人はどのぐらいの集団で暮らすが快適なのだろうか?」ということも気になっています。東京の人口は一千万人を超えていますし、百万人を超える都市はいくつもあります。都会は経済的には効率がよいのでしょうが、子どもが育つにはふさわしいとは思えません。

人工衛星から眺めた夜の地球は、都市は明るく光っています。その様子は、がんのPET検査で病巣部が光って見えるのと重なって見えてきます。がんは増殖するために独自の血管網を張り巡らせて栄養を吸収すると言います。巨大な都市は、交通網・電気網などインフラを張り巡らし、世界中から大量の物量を飲み込み増殖を続けます。「都会は、地球にとって癌かもしれない」とすら思えてきます。

子どもの頃、ニューヨークのエンパイヤー・ステート・ビルをはじめとする摩天楼は、発展のシンボルとして憧れの的でした。しかし今では、醜悪で不健全に見えるようになりました。同様に、かつて海岸を埋め立てたコンビナートの巨大な工場群の煙突の煙は、繁栄の証として心強く感じられたのです。何を美しく感じるかは、時代の影響を受けるものだとつくづく感じさせられます。

私たちがどう生きたらよいのかは霧のなかですが、クーパーの言葉は判断の基準となる「美意識」をもつことの重要性を示唆しているように思います。時代を越えても美しく感じられるもののなかに、自然と調和した生き方を見つけるヒントがあるのではないでしょうか。この対論は「感覚や感性」もテーマとなっていますが、こうした「美」を見分けられる確かな感性をもちたいものです。

生きる速度を上げてどこへ？

一九七〇年代に「狭い日本、そんなに急いでどこへ行く」という標語が流行りましたが、その後「生きる速さ」は一層、加速しました。画家P・ゴーギャンの「私たちはどこから来たのか、私たちは何者なのか、私たちはどこに行こうとしているのか」という言葉が切実に感じられます。

二〇二五年の大阪万博で空飛ぶ自動車が実現するとか、民間ロケットで宇宙旅行が可能になるとか言われても、以前のようにこころ躍ることはありません。未来を考えると、「どこへ連れていかれるのか？」と漠然とした不安に襲われます。

最近とみに「持続可能な社会をどう実現するか」が語られますが、実際の政治経済の動きを見ると、相変わらずＧＤＰや株価の値に一喜一憂し、世界的規模で経済の拡大を目指して轟音を立てて、ばく進しています。コンピューターや遺伝子操作の技術は、とてつもない速さで突き進んでいます。

国際競争に勝つためには、一人当たりの労働生産性を上げることが必要だという言葉もよく使われます。もっと速く！と尻を叩かれているようなもので、「生きる速さを落とす」という発想はみじんもありません。

子どもと関わるときくらいはゆっくりとした気持で、と頭ではわかっていても、そうしたゆとりをもつのが困難な社会状況が続いているのです。

生きる速さを落とすことは?

現代社会はその「速さ」ゆえに人が疲れているだけでなく、速さを支えるために大量に資源を消費し、自然環境を破壊し廃棄物の処理に困るなど、人類規模、地球規模で行き詰まっています。地球温暖化による気候変動に、人類の生存が脅かされることになったのです。二〇一一年三月一一日の東北での大震災、原発の事故以来、私たちが成長や発展と考えてきた価値観を見直す機運が高まっています。個人的にも、人類規模でも、「生き方の変更」を迫られているのです。

私たちは今、人類が生き残るために「ゆっくり生きる」という歴史上初めての課題に直面しているのではないでしょうか。人類は常に「これまでより速く生きる」歴史でしたが、生活の質を大きく落とさずに生きる速さを緩める知恵を結集する時代なのです。

私たちが選択しなければならないのは、最も恐れている「経済の縮小」を伴うものです。効率を求めて生みだされた大量生産の様式、それを消費するために喧騒に満ちた宣伝、大量の廃棄物の山、大量の原材料とエネルギーを消費する社会からの脱却なのです。

斎藤幸平氏は『人新世の「資本論」』〔集英社新書、二〇二〇年〕で、産業革命以来続いてきた経済至上主義に疑念を抱き、終わりのない利潤追求の競争と過剰消費に決別する「脱成長戦略」の可能性を模索していますが、参考になりそうです。同様の文脈で、J・ヒッケルの『資本主義の次に来る世界』〔東洋経済新報社、二〇二三年〕もお薦めです。

どうして変更は容易でないのか

猛烈な勢いで発展や成長を追い求めた価値観や生き方を変更するのは、容易ではありません。公害など負の側面もありましたが、大きなメリットをもたらしてくれたと考えられているからです。実際には「負の側面」が思っていたよりはるかに巨大であり、メリットは、いまのやり方でなくても作り出せたかもしれないのですが……。

現在の私たちは、「これまでの生き方に不都合が生じて変更をせざるを得なくなったのに、

『変わりたくない』ために、偽りの原因に固執する」神経症に似ていなくもありません。私たちの現在の生き方が《発達障害》と呼ばれるものを生み出しているとも考えられるのですが、私たちが生活を変えたくないために《発達障害》と名づけて脳と関連づけているように思えるのです。

そして、この「脳の機能疾患」説は、発達障害者支援法というお墨つきをもらっています。私にはこの支援法が、先の戦争でいう大本営発表にさえ見えてくるのです。マスコミはこの「先天的脳障害」説しかとりあげませんし、それ以外の説を唱えると、激しく糾弾されるのです。

先の戦争では、終戦とともに大本営発表が虚飾に満ちていたことがバレました。戦時中でも嘘ではないかという感覚はあったと思いますが、口にできなかったのです。《発達障害》についても、同じことが起きてはいないでしょうか。私たちの生き方が変わって、これからの子育てのことを真正面から考えるには、まず「発達障害は脳の障害ではない」と認めることから始まるのではないでしょうか。

ゆとりを実現できるのだろうか

繰り返しになりますが、私はこの社会のゆとりのなさは、人が速く生きるようになったためだと考えています。そのメカニズムに気づけばゆとりが持てるようになるわけではありませんが、少なくとも、「子どもとうまく関われない自分」を責めなくなると思います。

ゆとりを持つためには、生きる速度を落とすしかないのです。そのためには、生活を小さくするなどの工夫が必要です。

私は五十歳で住まいを田舎に移し、五十五歳で「半隠居」宣言をして、大学を早期退職しました。いくつか引き受けていた公的な役職からも降り、ゆっくり生きるため〝生活を小さくする〟ことに挑戦しました。傍からはのんびりとしたリタイヤ生活に見えるかもしれませんが、生きていると次々と気がかりが出てくるもので、こころのなかはゆとりとは程遠いものです。

日本はこの先、二十年ほど、高齢化社会が続きます。高齢者はゆっくりしか生きることができません。速く生きられないことを悔やんだり責めたりしがちですが、腹をくくって「ゆっくり生きる」宣言をして、自信を持ってゆっくり生きてもよいと思うのです。

二〇二三年の時点で六十五歳以上は人口の三割ですが、これだけの人数がゆっくり生きれば、いささかでも社会の「速さ」を鈍らせることに貢献できるのではないでしょうか。

そうした動きに、子育て中の親や、心身の病気や不調で速く生きられない人が加われば、社会にそれなりのインパクトをもたらすのでは？　と夢想するのですが……。

ＧＤＰがアメリカに次いで二位のときもあったのですが、経済大国になっても暮らしが貧弱になって生活を楽しめない、ということを私たちは十分経験してきました。黄金の国ジパングにならずとも「東洋の小さなエメラルド」として、静かで落ち着いた国を目指すこともできるのではないでしょうか。

そんなゆとりを持つために、大石さんに知恵があれば教えていただきたいのですが。

人生で何を大切に生きたいのか

大石　いまの自分自身を振り返ってみると、ゆとりとは縁遠い生活をしていますし、ゆとりを持つことがいかに難しいかを、日々、痛感しています。小柳さんからは、高齢者が「ゆっくり宣言」をしてもよいのでは、とのご提案でしたが、たしかに、お年寄りのスローテンポは〝暮らし〟を取り戻すのにふさわしい波長です。そして大事なのは、こうした波長がおそらく「子どもが、子ども時代を、子どもらしく生きられる」テンポでもあるということです。

働き盛りの人たちからすれば、高齢者や子どものテンポにはイライラすることがあるかもしれません。そんな相手に合わせて「こころのギア」を大きく切り変えなければならないからです。しかし、お年寄りや子どもたちと一緒に遊んだり、何気ない時間を過ごしていると、イライラしている自分のほうが「無理してギアを上げている」ことに気づくかもしれません。《発達障害》に限らず、子どもたちが発している問題は、「私たち人間が大きな自然の一部である」という認識、「あらゆる問題はつながっており、私たちひとりひとりもその当事者だ」

という認識を、持つことの大切さを教えてくれています。

私としては、そうしたメッセージを受けて、一度きりの人生で何を大切に生きたいのかをまずは自分自身に問うてみることから始めたいと思います。

ミダス王とならないために

小柳　産業革命以降、私たちが発展・成長だと信じた生き方や価値観に、大きな陥穽があったのです。テレビや車、コンピューター、遺伝子解析など、科学や産業の華やかな成果に覆い隠されて見えにくかったのですが、その落とし穴が《発達障害》という思いがけない形で顕れてきたのではないでしょうか。

私たちは長らく、願った豊かさを手に入れようとしてきたものの、「子どもが育たなくなっている」現実に狼狽しているというところでしょうか。その姿はあたかも、「触ったものはすべて金に変えられる力を手に入れたミダス王が、最愛の娘を金にしてしまった」というギリシャ神話を思い起こさせます。

私たちは、いま享受している豊かさが、きわめて脆弱な基盤の上に成り立っていることも感じています。先行きの見通しが持てなければ子どもが減ると言われていますが、子育てに最も必要な安全感や安心感が脅かされているのです。

経済の発展を追い求めた結果、人が労働力として位置づけられ、地域社会からも、世代間のつながりからも、伝統的な文化からも切り離され、ついには家族もバラバラにされようとしているのです。こうした状況では、こころの絆のなかでしか育たない人間が、育つはずがないのです。

発達障害はその背後に文明史が関わっており、相手がとてつもなく巨大なことが明らかになりました。それを解決しようとすれば、経済の拡大を至上とする社会の在り方に手を付けなければならないかもしれないのです。子どもや孫に、その先の世代にどんな未来を渡すことができるか、大人の選択が問われているのです。

今回の対論のなかで、《発達障害》と呼ばれているものは、脳の先天的機能障害ではなく、

「人生のごく初期に養育者と子どものあいだでの情緒や感覚の〝即時の響き合い〟が妨げられている」ために生じているのではないか、ということが浮かび上がりました。そして何が、親子（大人と子ども）のあいだの「響き合い障害」になっているかを検討しました。

その背後に、産業革命以降の経済の発展、日本について言えば戦後八十年の目覚ましい経済成長の影響で、私たちの暮らし方が変わったことが、大きく関与していることも明らかになったように思います。

「社会や経済が拡大発展し、進歩・成長することが私たちの幸せにつながる」という価値観が、発達障害の出現に抜きがたく深く関わっていることが浮かび上がってきたのです。この本の「謎にせまる」という目的は、いくばくか実現できたように思います。

つまり、発達障害の原因が私たちの内側の生き方にあることで、発達障害の対応が困難になっているのです。しかしながら、長年なじんできた生き方や価値観を変えるのがいかに難しいかは、カウンセリングで十分に経験しているところです。

それは、「大量の化石燃料を使ったために二酸化炭素の排出量が増えて地球温暖化につながっている」とわかってきても、すぐにはライフスタイルを変えられない。そうしたことと共通する問題です。この夏も気温が四〇度にせまる酷暑が続きました。待ったなしの状況が迫ってきているのです。

発達障害についても、同じことが言えるのではないでしょうか。本書の後半では、状況を打開する良い知恵はないものだろうかと模索しましたが、結果的には、のたうち回ることになってしまいました。

そのなかで、「これ以上、自然から離れない」「生きる速さを落とす」「身体の声を聴く」「時代を超える美意識（感覚）で判断する」「新しいコミュニティによる質の良い人との繋がりの模索」など、いくつかの探求の手掛かりは得られました。

しかし、どれも実現はたやすいことではありません――「人類の叡智を結集して取り組むことを望みたい」という言葉で、この対論を終えたいと思います。

対論を終えて

大谷　私は大学院時代から現在に至るまで細々と「不登校」支援を続けてきました。そのなか、一九九〇年代に学校臨床に携わるようになって程なくして《発達障害》という言葉が、不登校支援の世界にも押し寄せてきました。

その頃からというもの、以前とは違って「脳の特性」という視点から子どもたちを捉えることが、こころの専門家である臨床心理士や公認心理師に求められるようになっています。今回、小柳さんのブレない思いに支えられて、《発達障害》支援について長らく感じてきた〝違和感〟を言葉にできたことは、私にとって大きな喜びです。

このたびのメール対論が重ねられた月日のなかで、小柳さんから送られてくる文章に毎回、触発されて、臨床現場で関わっている子どもや保護者を思い浮かべながら、子どものこころの発達に何が必要なのかを考え続けました。そのことは、私自身の三人の父親としての子育て経験を振り返るだけでなく、自分が幼児期からどのように育ってきたのかを振り返る時間にもなりました。人生のこの時期に、このような機会が与えられたことに感謝しています。

小柳さんには多忙を言い訳に編集作業をお任せしましたが、毎回、丁寧に読み直していただきました。打ち合わせのために一度だけお会いしましたが、本書の内容はすべてメールで交わされたものです。

顔の表情も声のトーンもわからない、メールという手段の難しさはありましたが、小柳さんと「発達障害を『脳の障害』とすることへの違和感」という問題意識を共有できていたことは、深い交流が可能となった理由でしょう。

それだけでなく、小柳さんとは長年にわたり目に見えないこころの交流が続いていたことも、大きかったと感じています。想像上でなされた交流、小柳さんのこころのなかにある私と、私のこころのなかにある小柳さんとの対話の重なり合いが、本書の内容の広がりと深まりをもたらしてくれました。

これまで日本社会は大量生産・大量消費の経済原理のもとで走り続け、生活は快適かつ便利になりました。その一方で、モノが溢れ返り、お金が優先され、人までもが交換可能な物のように扱われる社会になってきています。どんなに便利な世の中になっても〝人と人の関わり〟は効率化してはならないものであり、そのひとつが「子育て」や「教育」と呼ばれる営みなのではないでしょうか。

《発達障害》問題は私たちが是としてきた生き方や価値観を問い直すものであり、地球温暖化と同じ根をもつ問題であることを、いま改めて認識しています。本書が読者にとって、人の〝こころ〟に眼差しを向けるきっかけになれば何よりの喜びです。

木立の文庫の津田敏之さんからは、本書を読者の視点から読みやすくするためのさまざまなご助言をいただきました。ここに記してお礼と感謝を申し上げます。

大石 英史

小柳　半年以上に及ぶ対談も終わりを迎えることができました。いまの気持は、たとえは悪いかもしれませんが、長年の便秘が治ってスッキリしたという感じです。批判されそうなことも遠慮せずに言わせていただきました。少しオーバーな表現ですが、五十歳以降の二十年はこの本を書くためにあったのではないか、とさえ思えるほどです。

人生の終わりが近づいて、思い残すことは少ないのですが、眼の黒いうちに「発達障害の原因が脳の障害から愛着形成不全に変わる」というコペルニクス的転回を見たい！と願っていました。タブーにさえなっている厄介な領域なので、自分がやらなくても誰かがやってくれるだろうと期待していましたが、やってくれる人は現れませんでした。

今回の作業は、大石さんという一緒に取り組んでくれる人が現れて初めて可能になったものです。来談者から「カウンセリングの時間以外でも、ずっとカウンセラーと話をしている」と聞いたことがありますが、この半年間はそういう時間になりました。次は大石さんにどんな言葉を伝えようか？どんなことを投げ返してくるのだろう？と楽しみでもあり、緊張もしました。

私の勝手なおねだりに、学会の準備で忙しい大石さんを付きあわさせたようで、内心、忸怩たる思いもありましたが、偶然から生まれた本と、これを産み出すために費やした時間とエネルギーが、大石さんにとっても意味あるものになったようで、ほっとしています。

今回、対論というかたちをとれたのも、私にとってはラッキーでした。書くとなると緊張して頭が硬くなりますが、私はもともとおしゃべりなので「話す」というスタイルは助かりました（実際はメールを書いているわけですけれど……）。勝手なことをしゃべり散らした感がないでもありませんが。

ところで、今回の対論で面白かったのは、思索が行き詰まったときに小人さんがたびたび現れて、表現や構成についてアドバイスしてくれたことです。明け方四時頃に現れるのですが、眠いのを我慢してメモしておいて、起きてから文章に書きおこすのです。試験でカンニングをしている感覚に近いものがありました。この「謎の小人さん」がいなかったら、途中で挫折していたかもしれません。

本書で述べたことは、多くの人が感じていながら言わないことを拙いながら表現したものだと思っています。その意味では、アンデルセンの童話『裸の王様』で、小さい子どもが「王様は裸だ！」と叫んだことに似ていなくもありません。

私は「天の下、新しいものは何ひとつない、真実なるものが常に新しい」という言葉が好きです。ここで述べたことは新しい発見ではないのですが、「真実なるものが常に新しい」という言葉を支えに作業を進めました。ここで語ったことが真実かどうかは、時間が証明してくれます。いまは静かに時間の審判を待ちたいと思います。

最後になりましたが、前著『三歳までの子どものこころ相談室』に続いて、本書のきっかけを作っていただき、出版までしんぼう強く付きあっていただいた、木立の文庫の津田敏之さんには、感謝の言葉もありません。

小柳晴生

●

小柳晴生（おやなぎ・はるお）

1950年生まれ。金沢大学卒業、広島大学大学院修士課程修了。香川大学教育学部教授、保健管理センター所長、放送大学客員教授、2005年に退職。瀬戸内海を眺める山中で「半隠居生活」に挑戦して19年になる。2006年、日本人間性心理学会第一回学会賞を受賞。

著書に『学生相談の「経験知」』〔垣内出版, 1999年〕、『ひきこもる小さな哲学者たちへ』、〔NHK生活人新書, 2002年〕、『大人が立ちどまらなければ』〔同, 2005年〕、『三歳までの子どものこころ相談室』〔木立の文庫, 2023年〕がある。

◆

大石英史（おおいし・えいじ）

1960年生まれ。九州大学教育学部卒業、九州大学大学院教育学研究科博士後期課程単位取得退学。山口大学教育学部教授、鹿児島大学大学院臨床心理学研究科教授を経て、現在、宇部フロンティア大学心理学部教授。臨床心理士・公認心理師、学術博士。専門は人間性心理学、コミュニティ臨床支援学。

共著書に『青年期の危機とケア』〔ふくろう出版, 2009年〕、『明日から教壇に立つ人のための教育心理・教育相談』〔北大路書房, 2014年〕、『エピソード教育臨床』〔創元社, 2014年〕がある。

kodachi no bunko

脳《のう》の落《お》とし穴、愛着《あいちゃく》の忘《わす》れもの
――――― 発達障害《はったつしょうがい》の謎《なぞ》にせまる

2024年 9月10日 初版第1刷印刷
2024年 9月20日 初版第1刷発行

著　者　小柳晴生・大石英史

発行者　津田敏之

発行所　株式会社 木立の文庫
京都市下京区新町通松原下る富永町107-1
telephone 075-585-5277
facsimile 075-320-3664
https://kodachino.co.jp/

造　本　鷺草デザイン事務所 尾崎閑也

印刷製本　亜細亜印刷株式会社

ISBN 978-4-909862-37-2 C3011